今すぐ出来る！

全校『学び合い』で実現する
カリキュラム・マネジメント

西川　純 著

明治図書

まえがき

平成26年11月に「初等中等教育における教育課程の基準等の在り方について（諮問）」が発表されました。そこで，次期学習指導要領ではアクティブ・ラーニングが中心となることが示されました。多くの人はなじみのないアクティブ・ラーニングという言葉に驚き，「アクティブ・ラーニングって何？」と疑問に思いました。それに対応して，書店には瞬く間にアクティブ・ラーニング本があふれるようになりました。

少なくとも学校をリードする方々の中に，その人なりの「アクティブ・ラーニング」像が生まれ，実践される方も増えました。そんなときです。

平成27年８月に「教育課程企画特別部会における論点整理について（報告)」が発表されました。そこには，カリキュラム・マネジメントがアクティブ・ラーニングと並んで次期学習指導要領の２本柱であることが書かれています。

カリキュラム・マネジメントという言葉は，アクティブ・ラーニングと違って今までも使っていた言葉です。しかし，論点整理を読むと今までとは違ったものであることが分かります。

論点整理において，カリキュラム・マネジメントは以下の３つの側面から捉えられるとされています。

① 各教科等の教育内容を相互の関係で捉え，学校の教育目標を踏まえた教科横断的な視点で，その目標の達成に必要な教育の内容を組織的に配列していくこと。

② 教育内容の質の向上に向けて，子供たちの姿や地域の現状等に関する調査や各種データ等に基づき，教育課程を編成し，実施し，評価して改善を図る一連のPDCAサイクルを確立すること。

③ 教育内容と，教育活動に必要な人的・物的資源等を，地域等の外部の資源も含めて活用しながら効果的に組み合わせること。

この中で，②が今まで多くの人が考えていたカリキュラム・マネジメントです。ところが，それに加えて，教科横断的であることを求めています。さらに，地域社会との連携まで加えているのです。

なぜでしょうか？

簡単にまとめれば，以下のようにまとめられます。

アクティブ・ラーニングは，経済・産業界からの要請を受けた大学教育（高等教育局マター）改革から端を発するものです（注）。しかし，学習指導要領の改訂を担当している初等中等教育局が長年積み上げてきたものがあります。例えば，コアカリキュラム，コミュニティ・スクール，そして，最近ではチーム学校などです。それらのものをカリキュラム・マネジメントの中に「ぶっ込んだ」（下品な表現ですみません）ものが今回のカリキュラム・マネジメントだと理解すると分かりやすいと思います。

本書では，このカリキュラム・マネジメントを実現するために，全校『学び合い』というアクティブ・ラーニングを提案しております。

さあ始めましょう！

注　このあたりは『アクティブ・ラーニング入門』（明治図書），『2020年　激変する大学受験！』（学陽書房），『親なら知っておきたい学歴の経済学』（学陽書房）をご参照下さい。

西川　純

目次

第3章 教師がこんなに変わる！全校『学び合い』
―教科の壁を越えて―

第4章 今なぜ，全校『学び合い』が有効なのか

第5章 全校『学び合い』の理論と活かし方

第6章 全校『学び合い』 実現のための4条件

第7章 全校『学び合い』の方法　スムースな導入ステップ

第8章 全校『学び合い』で小規模校の問題解決！子ども集団づくり

第9章 全校『学び合い』発展編

第1章

カリキュラム・マネジメント

カリキュラム・マネジメントに関する文部科学省の文章をざっと読めば，分かったような気がします。しかし，ひとたび本当に理解しようとすると訳が分からなくなると思います。
日本の教育・学校には乗り越えなければならない課題が数多くあります。文部科学省のカリキュラム・マネジメントを説明する文章の中には，思いつける限りの雑多な課題が全部書かれており，それをカリキュラム・マネジメントだと書かれているのですから理解不能になるのは当然です。一度，整理しましょう。

1 グランドデザイン

カリキュラム・マネジメントに関する公的な説明としては，国立教育政策研究所が平成27年３月に発表した『資質・能力を育成する教育課程の在り方に関する研究報告書１』が分かりやすいと思います。

私はその方向性は正しいと思っています。しかし，実現するのはかなり難しいと思っています。そして，このままでは絵に描いた餅に終わると危惧しています。

学校の校長室には「グランドデザイン」という図が貼られています。そこには広大な世界観が示されています。何しろ，思いつけるだけのものを書き，それらを全部結びつけています。図に全てのものが描かれ，全てのものが結びつけられているならば，その図には情報量は殆どありません。あるとしたら「頑張りましょう」という精神的な意味しかありません。

図は，複雑なものを分かりやすくまとめる意味があります。だから，色々なものの中から，「特に」重要なものを抽出しなければなりません。そして「特に」重要な関係を抽出しなければなりません。そのような図によって，当面，集中しなければならないこと，やらねばならないことの方向性が職員集団に見えてきます。

さて，論点整理の中で書かれたカリキュラム・マネジメントをお読み下さい。グランドデザインと同じではないでしょうか？思いつけるだけのものを書いていないでしょうか？そして，全てを関係づけると書いていないでしょうか？少なくとも私にはそうとしか見えません。皆さんはどうでしょうか？

2 リーダーシップ

そのような広大な世界観を実現するのは，校長のリーダーシップだと論点整理には書かれています。おそらく，日本中の校長の多くは「そんなの無理だよ」と思っていると思います。

日本中の多くの地域では，校長人事は２年もしくは３年サイクルで動かされています。校長が新しい学校に赴任したら，最初の１年目は昨年度に決まった方針で学校を動かすしかありません。もし，赴任して直ちに方針を改めたならば，学校は大混乱になってしまいます。

１年目は様子見です。その学校の問題点は何で，職員や地域の人の中で誰がキーパーソンであるかを見極めなければなりません。そのキーパーソンと話し合いながら，年度の終わりぐらいに自分の方針に沿った何かが出来ます。それを基に２年目に自分の方針を打ち出します。

２年目になったら自分の方針で学校を動かせますが，キーパーソン以外の職員や地域の人は理解できません。特に，横並びでないことをやれば，大多数は理解できません。そのため，何度も話し合い，検討をしなければなりません。

さて，１年を通じて，校長の方針がどんなものであるかを多くの職員や地域の人が分かり，２年目が終わります。それを基にして３年目が本格的になります。ところが，２年で異動する校長には３年目はありません。次の校長が異動し，様子見の１年目になります。３年目の校長も４年目には異動するのです。

つまり，ある校長がある方針を持っていたとしても，それによって本当に動くのは２年の在任中に０年なのです。３年の在任中であれば１年ありますが，在任期間の３分の１となります。さらに言えば，法規上は学校長に大きな権限がありますが，教育委員会から細かい指導を受けなければならないのです。従って，学校長のリーダーシップを生かす余地はないのです。

このような状況の中でカリキュラム・マネジメントを推進するとしたなら

ば，都道府県や市町村の教育委員会がやらざるを得ません。ところが，予算の厳しい現在，担当者の数は少ないのが現状です。それでは，都道府県一律，市町村一律のカリキュラム・マネジメントは出来るかもしれませんが（マンパワーから言って難しいと思いますが），論点整理で書かれているような各学校の実情に合わせたカリキュラム・マネジメントは不可能です。

論点整理で言われているカリキュラム・マネジメントを実現するには，学校長の人事サイクルを変えることが必要です。そのためには，校長に昇任する時期をもっと早める必要があります。さらに，学校長に本当に権限を委譲しなければなりません。そのためには学校長の責任は重くなり，組織の集団無責任体制でごまかせなくなります。

このような根本的な改革は，次期学習指導要領が終わる十数年先であっても実現しないでしょう。

3 実現するには

先に述べたように，困難であったとしても，私は論点整理で述べているようなカリキュラム・マネジメントを実現したいと思っています。

学校長の強力なリーダーシップ，特に，継続的なリーダーシップが期待できないのであれば，各学校におけるカリキュラム・マネジメントは教員と教員集団が中心とならねばなりません。従って，授業が中心とならねばなりません。

また，カリキュラム・マネジメントは，「アクティブ・ラーニング」の視点と連動させなければと書かれています。同時に「教科等の縦割りや学年を越えて，学校全体で取り組んでいくことができるよう，学校の組織及び運営についても見直しを図る必要がある」。

即ち，教科や学年を横断したアクティブ・ラーニングを中心としたカリキュラム・マネジメントが必要なのです。

もし，各教科や各学年でやっているアクティブ・ラーニングが別々であれば，言葉が通じません。従って，それらを統一的にまとめることも出来ません。結論から言えば，「カリキュラム・マネジメントとは教師集団のアクティブ・ラーニング」なのです。教師集団がアクティブ・ラーニングによって学ばない限り，カリキュラム・マネジメントで求められていることは実現できません。

アクティブ・ラーニングの方法は様々です。さて，そのアクティブ・ラーニングの中で全ての教科，全ての学年で一貫した理論と方法論があり，実践事例が整理されているものは何でしょうか？

我田引水のそしりを甘んじて受けますが，おそらく，『学び合い』（二重括弧の学び合い）だと思います。各教科に特化したアクティブ・ラーニングは数多くあります。様々なアクティブ・ラーニングを羅列的に紹介している本もあります。しかし，各教科で一貫した理論と方法論は殆どないと思います。

さらに，カリキュラム・マネジメントはイベントではありません。年間を通したものでなければなりません。そのためには，毎回の授業準備が大変では続きません。その点，『学び合い』の方法論は非常にシンプルです。特に，本書で中心的に紹介している週1程度の全校『学び合い』は，現状の授業よりも負担は軽いです。

以降ではそれを紹介します。

1 『学び合い』って何？

1 『学び合い』

皆さんは『学び合い』（二重括弧の学び合い）をご存じでしょうか？アクティブ・ラーニングを実現する考え方の一つです。本書で紹介する全校『学び合い』は，『学び合い』の理論と方法によって成立させています。『学び合い』と言うと，班学習やペア学習や協働学習の一種と思われる方もいるでしょう。しかし，それらとは全く別物です。『学び合い』とは，“一人も見捨てない”ことを教師が子どもたちに求め続け，子どもたちが“一人も見捨てない”ことが「徳」ではなく，勉強にも人間関係にも将来にも「得」であることを学ぶ学習のことです。

全校『学び合い』というのは，それをクラスを越えて全校レベルで行う学習のことです。つまり，“全校の一人も見捨てない”ことを教師集団が全校の子どもたちに求め続け，全校の子どもたちが“全校の一人も見捨てない”ことが「徳」ではなく，勉強にも人間関係にも将来にも「得」であることを学ぶ学習のことです。

本書を手に取っている方には，既に『学び合い』を知っており，さらには実践されている方が，それを発展させようと願っている人がいると思います。しかし，一方，『学び合い』を知らずに本書を手に取っている方もいると思います。

ご安心下さい。クラス単位の『学び合い』を知らない方でも全校『学び合い』は実践できます。意外だと思われると思いますが，クラス単位の『学び合い』より，はるかに全校レベルの『学び合い』のほうが簡単なのです。なぜでしょうか？

2 全校『学び合い』は簡単

クラスの子どもは互いに色々と関わっています。それによってプラスの効果もありますが，一方，マイナスの効果があります。「あの子は●●の子」という固定観念が出来てしまうのです。そのため，互いに関わらせようと思ってもマイナスの記憶がじゃましてしまうのです。さらに，子どもの数が少なく，クラス数が少なくなると，過去のクラスでのマイナスの記憶がある場合もあります。おそらく，皆さんが一番気にかけている「あの子」はそうではないでしょうか？

ところが，異学年ではそのようなマイナス効果が少ないのです。さらに，学年が違うと張り合わずにすみます。想像して下さい。部活を学年別に指導するのと，異学年合同で指導するのでは，どちらが簡単でしょうか？

さらに，全校『学び合い』の場合，一人の教師が背負わなくてすむのです。職員集団で支えることが出来ます。結果として，教師が気が楽になります。そして，優しい先生と怖い先生のような，職員の様々な特質が混じり合った指導が可能になるのです。

事実，全校『学び合い』（その縮小版である合同『学び合い』）から『学び合い』に入った人は少なくありません。

3 全校『学び合い』の効果

週に1度程度の全校『学び合い』であっても，人間関係向上の効果は絶大です。週に1度の全校『学び合い』を簡単に表現すれば，「ソーシャルスキルトレーニング」であり，「学年を越えた多様な対人関係を体験」と表現することが出来ます。

もちろん，今までも様々なソーシャルスキルトレーニングを取り入れた学校は少なくないと思います。そして，おそらく殆ど全ての学校では縦割り班活動を取り入れていると思います。全校『学び合い』は，それらと違って国語，算数・数学，理科，社会などの教科学習で行います。

人間関係づくりを教科学習で，と言われるとビックリするのではないでしょうか？しかし，人間関係づくりは教科学習でやるべきなのです。例えばです，もし県教育センターの研修で，見知らぬ学校の先生と同じグループになったとします。そのとき，「仲良くなるためのエクササイズ」をやることを想像して下さい。やりづらいですよね？その代わりに，与えられた資料を基にレポートを一緒に作成するほうが良いですよね。

また，想像して下さい。学校の慰安旅行の宴会で，幹事の人が「今日は仕事を忘れて飲みましょう。そのため，これからは学校の話は禁止です」と言ったとします。では，話題がいつまで続くでしょうか？実は，遊びは既に仲の良い人をさらに仲良くするには有効です。しかし，関係のない人を結びつけるには，事務的な仕事が有効なのです。子どもにとっての仕事，それは教科学習です。それ故，全校『学び合い』は教科学習を中心としています。

教科学習を中心としていることから，２番目の特徴が出来ます。それは定常的に出来るのです。人間関係づくりのエクササイズを定常的に実施する場合は，教科学習の時間を潰さなければなりません。しかし，教える内容が増えた現状ではそれは不可能です。そのため，そのようなエクササイズはイベント的にしか出来ません。しかし，子ども集団の中には，毎日，毎日，人間関係が崩れるきっかけは生まれています。それを立て直すためには，定常的に行わなければなりません。全校『学び合い』は教科学習で行うので，教科学習の時間を潰さずに行えます。そのため，定常的に出来るのです。

4 教師集団への影響

全校『学び合い』をすれば，今まで見たことのない子どもたちの素晴らしい姿を山ほど見ることが出来ます。人は関係の生物です。同じクラスの子どもの中での行動とは全く違う姿を，異なった学年の子どもたちは見せてくれます。あなたが声をかけると「うるさいな～」と暴言を吐く子どもが，年上の子どもには素直に従います。そうなったら，年上の学年の先生に「おたくの●●さんのおかげで，うちの●●さんが勉強に集中しているの。ありがとう。●●さんの教え方がとってもうまくってね。例えば……」と声をかけたくなります。そうすれば，年上の学年の先生も嬉しくなります。

逆に，あなたのクラスでは静かで孤立しがちな子が，年下の学年では大活躍ということもあるかもしれません。これまた楽しい会話が生まれます。

実際に，共に見た子どもの姿のことを語り合うのは，教師は大好きです。そのような話題がどんどん生まれてくるのです。授業中に語り尽くせなければ，自ずと教務室での会話も弾みます。

学校の研修テーマには『学び合い』は有効です。中学校は教科担任制なので学校全体の研修テーマとしては，特別活動や生徒指導や総合的な学習になる傾向があります。しかし，言うまでもなく学校教育の中心は教科指導です。そして，若い先生が悩んでいるのも教科指導です。それを学校全体でやれるのです。

今，本当に『学び合い』が必要なのは，子どもより教師なのではないでしょうか？

❷ 全校『学び合い』はこんな姿です

子どもたちへ「勝手に好きなところに座っていいよ」と伝えます。子どもたちは学年を混在させ，思い思いの場所に座ります。

部屋の中は，「これから何が起こるのだろう」ときょろきょろしている子どもばかりです。その中で教師は，学び合う意味を語り，「絶対に一人も見捨ててはいけない」ことを強調します。

さらに，どこで，誰とでも勉強してもいいこと，答え（教師用指導書を置くだけで結構です）は教卓の上に置いてあり，自分で丸つけをすることを伝えて下さい。そして，最後の集合時間を伝えて下さい。

各学年には，その日の課題が告げられます。算数・数学の課題の場合は，「教科書●ページから●ページの問題が全て解けて，その解き方を説明できる」のような短く表現できる課題です。

「さあどうぞ」と言って子どもたちに任せて下さい。おそらく，子どもたちは，最初はどうしていいか戸惑うかもしれません。

しかし，しばらくすると『学び合い』始めます。それをニコニコと見守っていると，活発に『学び合い』始めます。

開始15分程度で，最初の班を越えた動きが生まれ始めます。

やがて，出来ない子どものところに集まり始めて，「頑張れ」という声が聞こえます。

時間になったら，席に戻ります。

最後に，今日１日の集団を評価し，次回に向けての課題を述べて終わります。

第2章

子どもがこんなに変わる！全校『学び合い』
―学年の壁を越えて―

どんなクラスにも，どうしようもないと感じる子どもはいます。しかし教師が，数人は「見捨ててもしょうがない」と思った瞬間から，支え合うクラスは崩壊し始めます。一人見捨てるクラスは，２人目，３人目を見捨てるクラスになるからです。従って，何が何でも踏ん張らねばなりません。そんなときの突破口になるのが全校『学び合い』です。

子ども同士は長い時間，長い期間，つきあいます。その結果，負の記憶がどんどんたまっていくのです。小さい学校の場合クラス替えがないか，限定的なのでその蓄積はどうしようもないほどになります。それをリセットするのは大変です。しかし，違った学年の子どもにはそのような負の蓄積はありません。

また教師に反発する子どもも，同級生には心優しいものです。また教師には反発するのに，上級生には従順なものです。

異学年間の関係（最初）

1 先輩

小学校では年齢が違っても「●●さん」や「●●ちゃん」と呼び合っています。ところが，中学校になったとたんに「先輩／後輩」の関係になり，下級生にとっては上級生はとても怖い存在になります。

私も昔を思い出せばそうでした。何が原因だか分かりませんが，中学校に入ったとたん，先輩に嫌われる殴られる，と思い込んでいたように思います。そのため，会話は極めてぎこちなくなります。以下は中学校理科での３年生と１年生の会話です。

３年生：分かんない！あたし。分かる？どっちがどっちか。
１年生：……（うなずく）
３年生：すごい！やだー（驚き），どっち？
１年生：露頭Ｂ。
３年生：こっちが？
１年生：露頭Ａ。海がある。
３年生：うっそ。なに，海があるの。私ずーっと影かと思っていた。

３年生はカチンコチンになっている１年生を何とかしようと思って，一生懸命にフランクに話しかけます。しかし，１年生はそれに対してどのように話せばいいのか分からないので，ロボットの会話のようにぎこちない会話しか出来ません。

2 身体距離

人間の親密度は言葉だけではなく，身体距離に表れます。以下は，岩石を割っているときの姿です。３年生が岩石を割っている姿を１年生が見ているのです。それも，１年生は手をジャージの中に隠しています。後ろに見える他の班も同様な身体距離をしています。

2 異学年の会話（しばらくたつと）

1 3時間もたつと

最初はぎこちない会話でしたが，上級生が何度もフランクに語り続けます。その結果，下級生も「この先輩は怖くない」と思い出します。そうすれば子ども同士です。どんどん会話が弾むようになります。以下は３時間目の会話です。

３年生Ａ：どっち（１年と３年）がどっち（露頭ＡとＢ）行く？
１年生Ａ：あーどうしましょう？
３年生Ａ：じゃあ３年生がこっち（露頭Ａ）の危ないほうへ行くよ。死を覚悟して。
（班内に笑い）
３年生Ｂ：死んじゃあヤバイよ。
３年生Ａ：１年生は安全なこっち（露頭Ｂ）行く？
３年生Ｂ：１Ｂどっちに行きたい？
１年生Ｂ：おれ露頭Ｂの場所，分かんないし……じゃあ露頭Ａに行く。
１年生Ａ：ここ（露頭Ｂ）どこだか分かんないしな……。
３年生Ａ：それ（露頭Ｂ）は３Ｃの家の近くにあるよ。３Ｃの家，知ってる？

会話だけを聞く限りは，どちらが３年生で，どちらが１年生だか分からない会話になっています。

皆さんの職場にも年の離れた仲間もいるのではないでしょうか？「●●さん」や「●●先生」と呼びますが，会話自体は「タメ口」という人はいるのではないでしょうか？私にもいます。

上越教育大学に勤めてから二十数年間，私のボスは18才年上のＴ先生でした。私が30才代助手時代のときから，Ｔ先生は学会で高い評価を得ていました。他大学の教授が直立不動でＴ先生に話しかけているのに，私はタメ口でＴ先生と話します。その様子を他大学の教授から注意されます。私は神妙に承りますが，大学に戻ってからＴ先生と大笑いします。それと同じことが子どもの中でも起こります。

2 身体距離も

人間関係は身体距離に表れます。以上のような会話をするような頃には，岩石を割る作業は以下のようになります。

3 逆転現象

1 下級生に聞く

多くの異学年学習では，上級生がリーダーとなり取り仕切ることになります。上級生も肩肘張って下級生に接します。しかし，先に示したような会話をすると，上級生が下級生に教えてもらうという場面が頻繁に起こります。以下は，中学校２年生と１年生のそのような場面です。

２年生Ａ：接するってどういう字だったっけ？
１ 年 生：テヘンに……。
２年生Ｂ：テヘンに立つという字。
２年生Ａ：テヘンに…。
２年生Ｂ：いい，ここに書いて……テヘンに……。
２年生Ａ：私そのとき分からなかった。今分かった。
（しばらくして）
２年生Ａ：話の「し」ってどんなだったっけ？
１ 年 生：話すときは,「話した」はいるけど「話をする」とかはいらない。
２年生Ａ：じゃ，これはどうなるの？「はなしをちゃんときいてあげる」
１ 年 生：い……（この後，紙をこする音が聞こえてかき消される）
２年生Ａ：話をちゃんと聞いてあげるの「し」はどうなる？はなしの「し」。いらない？
１ 年 生：いらない。
２年生Ａ：いらない，はい，いらない。

2 さらに

普通，異学年学習では「分からないことがあったら上級生に聞きなさい」と教師は言います。しかし，同じ学年であっても学力は天と地ほどの差があります。当然，下級生のほうがよく知っているということは少なくありません。

上級生にしても，同じ学年同士の場合，「聞きづらい」「聞きたくない」という関係はあります。しかし，他学年であれば，そのようなことがなく聞きやすいものです。

職員室を思い起こして下さい。新規採用の先生が，その学校で毎年出す書類に関してベテランの先生に聞くことは多いと思います。しかし，例えばインターネットのフェイスブック・ツイッターのこと，また，スマートフォンのアプリに関しては，若い先生のほうが得意なことは多いと思います。そのことで，「ふん，そんなこと知らなくてもいい」とうそぶくか，「へ～，面白そうだな。教えて」と言えるかの差は大きいですよね。

4 関係の変化の原因

1 上級生から

最初はぎこちなかった関係がなぜ変わったのでしょうか？それを聞いてみました。

教　師：どうして3年生に意見が言えるようになったの？
1年生：先輩に意見を言うことが恥ずかしかったんだ。けど……。だんだん自分の意見が言えるようになった。
教　師：何でそうなったの？
1年生：自分の意見を言わなければならないと思ったから……。
教　師：それは，どうして？
1年生：先輩から優しい言葉をかけてくれたので……。
教　師：例えばどんな？
1年生：先輩から「1年生はどう思う？」とか「分かんないよね。うち（3年生）も分かんないもん」と言ってくれると，自分の意見が言えるようになった。

上記で明らかなように，関係を変えるきっかけは上級生の会話からです。上級生がぎこちない下級生を和ませようと色々と声がけをする中で，関係が変わります。

さらに，先に紹介したような逆転現象の中で上級生から「ありがとう」「なるほど」という言葉をもらうと，下級生は自信を持ち始めます。そして，上級生の指示待ちだった下級生が自らのアイディアを上級生に提案し，上級生から「それいいね」と褒められ採用されることによってさらに変化します。

自分の過去を思い出して下さい。新しい職場，中学校・高校の部活，いずれも「その仲間に入った」と実感できるのは，自分がその集団に貢献できたと実感し，周りも認めたときではないでしょうか？

2 会話の変化

上級生と下級生はどんどんタメ口になり，楽しげに会話するようになります。その会話を数ヶ月にわたって記録分析しました。当初は，仲良くなればなるほど学習に関係ない話題で盛り上がるのではないかと思っていました。しかし，そのような会話は異学年学習のごく初期だけの現象です。上級生がぎこちない下級生を和ませようと，意図的に学習に関係ない話題を話しかけています。

しかし，しばらくするとそのような会話は減少します。もちろん，合間合間にバカ話が含まれることはありますが，基本的に学習に関する話題で話が盛り上がります。

最初はなぜだろうと不思議でした。しかし，考えてみれば当然な話です。先に学校の慰安旅行のときを例に挙げましたが，人間関係のあまりない人と楽しく話し続けるとしたら，それは仕事のことが一番なのです。子どもにとっての仕事は学習です。だから異学年で楽しく語り続けられる話題は学習なのです。

子どもたちは異学年の人と楽しく話すため，勉強するのです。

5 異学年学習の意味

1 残るもの

もし，上級生と下級生が仲良くなり，同級生同士と見まがう関係になるとしたら，異学年で学習する意味があるでしょうか？実は，上級生と下級生がどんなに仲良くなり，タメ口で話すようになっても残るものはあるのです。

仲良くなった彼らの会話を聞いている限り，どちらが上級生で，どちらが下級生であるかを判断することは出来ません。しかし，ある言葉を聞けば，どちらが上級生で，どちらが下級生であるかが分かります。さて，どんな会話だと思いますか？

それは「お伺い」なのです。上級生と下級生が仲良くなると下級生のほうがどんどんしゃべるようになります。そして，アイディアを提案して，それを上級生がニコニコ聞いているというようになります。しかし，最後の段階で「……でいいですよね」とか「……で大丈夫ですよね」ということを下級生が聞きます。それに対して上級生が「いいよ」,「大丈夫」と承諾を与えます。

職員室を思い起こして下さい。良き職場は，中堅が考え，若手が走り，ベテランが守る，という関係だと思います。そして，仕事の中心となっている中堅・若手が，普段はニコニコしているベテランに語るのは「……でいいよね」とか「……で大丈夫ですよね」という言葉ではないでしょうか？そしてベテランは「いいよ」,「大丈夫」と承諾を与えているはずです。そして，中堅・若手は，必ず承諾を与えてくれるベテランにお伺いするはずです。

2 なぜ，年長者は承諾するのでしょうか

では，必ず承諾を与えてくれると分かっているのに，どうして下級生はお伺いをするのでしょうか？

理由は，上級生が承諾を与えてくれることによって，もし，失敗したときは一緒になって責任を負ってくれるということを意味しているからです。

なぜ，上級生は責任を生じる承諾を下級生に与えるのでしょうか？

理由は「いいよ」，「大丈夫」と言うだけで，下級生が必死になって色々と頑張ってくれるからです。上級生にとって，これほど楽なことはありません。上記のことは職員室でも全く同じですよね。

多くの教師は，異学年学習の意味を「上級生に教えてもらえる」と考えています。しかし，それはそれほど重要なことではありません。先に述べたように逆転現象も起こります。さらに『学び合い』における異学年学習の会話を分析すると，同学年同士の『学び合い』のほうが，異学年同士の『学び合い』より多いです。考えてみれば当たり前です。同クラス同士であれば課題が一致しているし，同学年同士であれば課題が似ています。だから，話が早いのです。

では，異学年学習の意味は何でしょうか？それは関係なのです。人は関係の生物です。中堅・若手がいるからベテランの振るまいが出来，ベテラン・若手がいるから中堅の振るまいが出来，ベテラン・中堅がいるから若手の振るまいが出来るのです。自然に生じる縦割りの文化が，良好な学習関係を生み出します。

6 同学年の変化

1 固定的な人間関係

異学年学習は異学年の人間関係を変えるばかりではなく，同学年同士の関係を変えることが出来ます。以下で紹介する事例は，小規模中学校での異学年『学び合い』の事例です。

以下で示す「１Ａ」，「１Ｂ」は１学年１クラスの小学校で過ごしました。従って，子どもたちの人間関係はガチガチに固まっています。１Ａはその学年のリーダー格です。それに対して１Ｂはその支配下にありました。小学校では絶対的な支配関係が出来ています。

１Ｂは中学校進学を機に，１Ａの支配下から脱しようとします。しかし，１Ａはそれを許さず何かとちょっかいをかけます。

１Ａ：１Ｂ。このシャープペン，お前の？
１Ｂ：俺のじゃない。
１Ａ：お前のじゃない！本当かよ。
１Ｃ：お前（１Ｂ）のなんだよ。
１Ａ：芯見てどうすんだよ。そんなの見て分かんのかよ。
１Ｂ：俺のじゃない。
１Ｃ：お前のなんだよ。お前のがさっき落ちたんだって。俺がさっき，お前のが落ちてもどうでもいいと思ってあっちへ蹴ったんだいや。バ～カ！バカかお前は，泣いてみっか！
１Ｂ：このやろう！
（１Ｂは１Ａと１Ｃに向かっていく）

2 上級生がいると

先の例のように１Ａは，ことあるごとに１Ｂに突っかかっていました。教卓に置いてある付箋紙を班ごとに取ってくる場面です。１Ｂが付箋紙を持ってきたのですが，かなり多めでした。それを目ざとく見つけた１Ａは１Ｂに突っかかっていきます。しかし，３年の３Ａがいるのでお伺いをしました。３Ａは鷹揚に対応したので，１Ａもそれ以上に１Ｂを責めることは出来ませんでした。

１Ａ：１Ｂ。そんなに持ってきていいんか！
１Ａ：早く返したほうがいいですよね。先輩。
（３Ａに向かって）
３Ａ：みんなの分あるから大丈夫だ。
（この後，１Ｂは余分な付箋紙を返しに行く）

この場面が同学年同士だけの場面であれば，１Ａは１Ｂを責め続け，結果として先と同じように喧嘩になってしまうところでした。しかし，異学年だからそれ以上進みませんでした。

3 下級生の活躍

１Ａはもともと能力のある子どもです。以下は，なぜ地層が生まれたかを追求する場面です。１Ａは土と砂の沈む速度の違いに気づき，それが地層の生まれた原因だという仮説を立てました。それに対して３年生が褒めると１Ａはいい気になります。その実験を進めるのは１人では無理です。しかし，３年生にやってもらうには気が引けます。その結果，１Ａは１Ｂの協力が必要になってきたのです。当然，今までのような高飛車な態度では頼めません。

1Ａ：分かった。地層をつくるには土とか砂とか水とか全部ペットボトルに入れて，こうやって混ぜればいいんだ。そしたら重たいのが下に行って軽いのが上に行くんだ。
3Ａ：あーなるほど。
3Ｂ：よし，混ぜよう。
1Ａ：粘土，1Ｂ。入れちゃって。（協力を求めている）
1Ｂ：あいよ。平らにしてか。
3Ｂ：おまえら（1年生）すげえよな。
1Ａ：理科は実験してだんだん分かっていくんですよ。
3Ａ：へー。

1Ａと1Ｂはその後，協働して実験を進めまとめました。その中で1Ａは1Ｂを知り，1Ｂは1Ａを知り，2人の関係は変わりました。

この2人ばかりではなく，同学年同士では仲が悪かった組み合わせの殆どは，異学年学習で関係が改善されました。さらに異学年学習が終了してから3ヶ月後に観察しましたが，良好な関係は維持されていました。

異学年学習は，固定的な同学年の関係を打破することに関して絶大な効果を持っているのです。

4 異質な関係

ある小学校の校長は，『学び合い』の効果を理解しつつも危惧する点がありました。それは小学校時代に『学び合い』をやって，『学び合い』を実践していない中学校に進学したとき，それが悪い影響を持つのではないかという危惧です。事実，その小学校の進学先の中学校では『学び合い』は実践されていません。

その小学校の6年生は2年連続で『学び合い』でクラスづくりをしました。

そして中学校に進学しました。中学校には３つの小学校が進学しますが，成績上位者の多くが『学び合い』を実践しているその小学校だったのです。

中学校に進学してから１年弱たった時点で，旧担任から卒業生にアンケートを送りました。その質問の中心は，「小学校で『学び合い』をやったことが中学校の勉強に役立っているか？」というものでした。卒業生の全員は役立っていると答えました。そして，その理由を聞くとほぼ全員が「分からないことがあると男女関係なく聞ける」という回答でした。

中学校では急に勉強が難しくなります。その中で成績が平均的に高いのは女子です。従って，男子中学生が勉強について行くためには女子に分からないことを聞けるか否かが鍵になるのです。では，女子にはどのような影響があるのでしょうか？

女子の小グループ化は小学校高学年からあらわれ，中学校になれば顕著になります。女子だけでは対立的になりがちになっても，空気の読めない男子が「お前ら仲悪いのか？」とずばっと質問します。さすがに「はい，仲が悪い」とは答えません。そして，その男子を一緒に教える中で，対立関係が緩和されるのです。その男子が緩衝材になってくれるメリットを女子が感じているのです。

これは異学年学習も同じです。異質な学年がそばにいるだけで，異学年同士ばかりではなく同学年同士の関係も改善することが出来るのです。

7 知的障害

1 素敵な課題

特別支援の子どもを通常学級の子どもと一緒に『学び合い』をさせると，特別支援の子どもが可哀想，と思われる善意の先生がいらっしゃいます。しかし，教師が可哀想と思ったならば，当人が「自分は可哀想」と思い，周りの子どもがその子を「可哀想な子」と思います。人には得手不得手があって当然です。少なくとも教師は，その子の障害を「可哀想」とは思わずに，無理にでも「特徴」と思わなければなりません。

知的な障害があり，教科学習では特別支援学級に行く子がいます。さて，周りの子どもは，その子はなぜ特別支援学級に行くと思っていると思いますか？虚飾をはぎ取れば，「頭が悪いから」と思っているのではないでしょうか？そして，その子も自分が「頭が悪い」と思わされているのです。

ある小学校で特別支援の子どもを含めた全校『学び合い』を行いました。特別支援の先生は，「この体育館（体育館で全校『学び合い』をしています）で，丸，三角，四角を見つけてデジタルカメラで写してきて下さい」という課題を与えました。そうすると，会場から「いいな～」という声が起こりました。

全校『学び合い』が始まると，その課題を与えられた子どもの周りに数人の通常学級の子どもが集まり，一緒になって課題を解いています。そのような子がいるので，特別支援の先生は手を出さずに遠くから見守っていました。しばらくすると自分のクラスの課題を解いていた通常学級の子どもが近づいてきて，「ねえ，自分の課題をやらなきゃ駄目じゃない」と注意しました。注意された子どもは自分の課題をし始め，注意した子が入れ替わりになって特別支援の子どもと一緒になって学びました。

2 特別支援の子どもが教える

特別支援学級では，１人の先生に１人または数人の子どもという関係で勉強をします。結果として，その子の障害の程度によっては，通常学級のクラスより進度が速いということもあり得ます。

通常学級の子どもと一緒の『学び合い』をした際，そのようなことが起こりました。教師が「●●さんはもう終わっているんだって」と言うと，通常学級の子どもが特別支援の子どもの周りに集まってきました。そして，特別支援の子どもが教え始めたのです。

偏見は無知から生じます。知ることによって偏見が助長されることは，少ないと思います。知れば知るほど，それを受容できることが大多数だと思います。

特別支援の子どもが一番学ばなければならないことは，かけ算でも漢字でもありません。それは健常者とつきあえる能力です。もちろん全ての子どもがそれを獲得するとは限りません。しかし，その子を理解する子ども集団をつくることは可能です。そして，その子を見捨てない集団をつくれば，健常者も自分は見捨てられないと安心して過ごすことが可能になります。

8 アスペルガー

1 激変

全校『学び合い』のような異学年の『学び合い』で最も劇的な変化をするのは，アスペルガー傾向の子どもです。

『学び合い』は，特別支援の必要な子どもに劇的な変化を与えることが出来ます。それは，ゴチャゴチャした中に子どもたちがいるので，その子が目立たなくなります。何よりも特別支援担当の先生がべったりとしません。結果として，「自分だけが違っている」というラベルを貼られないので気が楽になるからです。

しかし，例外はアスペルガー傾向の子どもです。その中でも，悪気なく人の気を悪くするような言葉を連発するタイプの子どもです。その子は悪気がなく，かつ，その言葉によって不快になっている相手のことを気づくことが出来ません。『学び合い』は子ども同士の関わりによって様々な問題を解決します。ところが，アスペルガー傾向の子どもの中には，上記のように関われば関わるほど不快になるタイプの子どもがいます。その子と関わるのは，周りの子どもにとって負担になります。そのため，『学び合い』を導入した初期段階では，その子と関わることを強く促さないようにします。まずはそのような子どもを受け入れることの出来るだけの集団づくりをしなければなりません。しかし，それには時間がかかります。最低でも３ヶ月，多くは１年程度は必要になります。

2 異学年におけるアスペルガー傾向の子ども

異学年で『学び合い』をすると，アスペルガー傾向の子どもの中には下級生の中でヒーローになる子が生まれます。なぜなら，他の上級生が自分の課題を終えてから下級生を教えるのに対して，アスペルガー傾向の子どもは，自分の課題を終える以前から熱心に下級生を教えるのです。その教え方も実に優しく，丁寧です。大抵の担任がビックリします。

アスペルガー傾向の子どもも，心の中では周りの子どもと仲良くしたいのです。しかし，それがうまく表現できない。そのため数多くの失敗をします。その結果として，自分を困った人と思っている周りを生み出してしまいました。そのように見ていることが分かるので，イライラして人を不快にさせる言葉をことさら言ってしまうのです。

一方，他学年の子どもはそのような負の記憶がありません。自分を年長者として大事に扱ってくれます。それが心地良いので一生懸命に教えます。結果として感謝されるのです。

アスペルガー傾向の子どもの心の優しさに気づいたならば，それをちょっと大きな声で褒めましょう。例えば，「●●さんは優しいな～」，「●●さんの教え方はうまいな～」と褒めるのです。それによって，その子の同学年の子どもが，その子の別な一面を知り，見直します。何よりも教師自身がそのように褒めながら，自分の心の中にある固定観念を崩していきます。

全校『学び合い』のような異学年の『学び合い』が，アスペルガー傾向に対する特効薬なのです。

関係の生物

以前，中学校理科の様子を観察しました。その結果，真面目に実験する子，普通に実験する子，遊ぶ子の比率は，学年を問わず，その学校では全学級同じでした。

次に，真面目に実験する子だけを集めた班，普通に実験する子だけを集めた班，遊ぶ子だけを集めた班を構成し，実験をさせました。その結果，あっという間にそれぞれに普通に実験する子，遊ぶ子が生まれました。そして，その比率は先と同じでした。

よく「真面目な子」，「不真面目な子」という言葉があります。また，「乱暴な子」，「おとなしい子」という言葉があります。あたかも血液型と同様な固定的な特性のように思われているようです。しかし，それらは血液型と違って，劇における「役」のようなものです。クラスという「劇」の中で，子どもたちは「真面目な子役」，「不真面目な子役」，「乱暴な子役」，「おとなしい子役」を演じているのです。

子どもたち全員に，その子の将来の幸せを約束するような「役」を与えたいですよね。全校『学び合い』はそのきっかけになります。子どもたちは様々な能力や指向性を持っています。全ての子どもが「主役」を演じることが幸せとは限りません。一流の脇役になることがその子の幸せを約束するかもしれません。

自分に合った役は何かを，様々な関係の中で見出すことが出来るのです。

第3章

教師がこんなに変わる！全校『学び合い』—教科の壁を越えて—

今，教師の0.5%以上は心の病で休職中です。つまり，本当は心の病で仕事が出来ない状態なのに，何とかごまかしている人はその数倍います。そして，その予備軍はかなりの割合を占めています。なぜ，そうなるのでしょうか？大抵，心の病で休職するということになると，「え？そこまで悪いとは知らなかった」という反応が多いですよね。なぜでしょうか？それは，普段の教師間のコミュニケーション量が少ないからです。
今，全校『学び合い』が必要なのは，子ども以上に教師かもしれません。

1 悩む先生が生まれる原因

1 相談

人には色々な悩みもあります。それを解決するために相談します。その結果，適切なアドバイスを受けることが出来ます。しかし，それを受けられなくても「私もそうだったのよ」と一言を言われるだけで救われることはいっぱいあります。

例えば，ある保護者からクレームが来てどうしようと悩んだ人がいたとします。それを相談した前の担任から「あ～，●●さんね。分かるわ～。私もそうだったのよ。でもね，●●さんって，ちゃんと説明すれば分かってくれる人よ。なんだったら私と一緒に家に行かない？」と言われたらどんなに気が楽になるでしょうか？

2 周りが動く

自分が悩んでいるとき，相談すればいいのですが，なかなか出来ません。なぜでしょう。自由に相談できる時間を与えたときのクラスの様子を思い出して下さい。その教科が不得意な子どもを見て「ほら，そんなに固まっているぐらいだったら，聞きに行けばいいじゃないか」と思っていませんでしたか？そして，促したかもしれません。しかし，大抵の場合は，なかなか動きませんよね。なぜでしょうか？

それは，自分が不得意であることを恥じており，それをあらわにすると周りからバカにされるのではないかと恐れているのです。悩んでいる教師も全く同じです。悩んでいるのに相談できず，その結果として問題はもっと深刻化します。自分自身に対する評価はどんどん下がり，自分だけが駄目で，それが周りに分かったらどんなにバカにされるのではないかともっと不安になってしまいます。そして，どうにもこうにもならなくなった段階で表出するのです。

では，どうやったら解決できるでしょうか？これまた子どもと同じなのです。自分が駄目だな～っと思っている子どもや教師を動かそうとしても，なかなか動きません。動かすべきは，悩んでない子どもや教師なのです。その人たちが，こまめに周りに気を配り，いち早く困っている人を見つけ，その人に声をかけなければなりません。

子どもの中にも，「教えてあげようか？」と言っても，追い払う子はいます。もちろん大人ですから，そこまであからさまにはしないと思いますが，「大丈夫」と言って拒否する人はいます。そうであっても，色々な人が代わる代わる，色々な語り口で声をかけ続けます。そのうちに，「実は……」と話し始めるかもしれません。私が若手教師だったとき，「実は困ったことがあって」と先輩教師に切り出す前に，「純ちゃん，どうしたの？」と先輩教師の方が声をかけてくれました。

しかし，「実は……」と話し始めるためには，相手を信頼できる人と認識しなければなりません。自分が恥じている今の現状を言っても，「何でそんなことするの！」，「駄目じゃないか！」と否定しないで聞いてくれる人であることを確信しなければなりません。そのためには，自分が恥じている今の現状ではなく，当たり障りのないことを話しながら，相手を値踏みする必要があります。

2 雑談の種

1 事務的会話

中学校の１年生と３年生が共に理科を勉強する異学年学習を先に紹介しました。１年生は，最初は３年生に対して怖々しています。会話もぎこちなく続きません。ところが３年生が優しく声をかけることによって徐々に打ち解けてきます。しばらくするとタメ口で３年生と会話出来るようになります。職員室を思い出して下さい。気軽にバカ話できる先輩教師はいますよね。そんな関係になるのです。

さて，その過程を詳細に調べてみると，最初は授業と関係ないバカ話が多くを占めます。しかし，人間関係が出来上がると，授業に関係する話の割合が増えるのです。その結果を初めて知ったとき，「え？」と思いました。子どもが仲良くなればなるほど，授業と無関係な話をどんどんするのではないかと思っていたのです。しかし，何度も紹介したように，人間関係がそれほどないもの同士の会話を続けるには，仕事の話題が一番なのです。

仕事の話と言っても，重い話では気が滅入ります。仕事の話ではあるが，気楽に話せて，笑いながら話せる話題が良いですよね。人の悪口はある意味楽しいですが，それをすれば職員同士の関係を崩します。

2 子どもの姿

仕事の話が雑談には有効なのですが，その仕事のことで悩んでいる場合，何を話題にしたらいいのでしょうか？

全校『学び合い』はその話題を提供します。

子どもたちは，色々な学年，色々なクラスの子どもと交流しながら勉強します。その中で，クラスの中では見せなかった姿を見せてくれます。それが話題になるのです。

「ねえねえ，ちょっと見てよ。おたくのクラスの●さんが，うちの○さんを教えているんだけどね，教え方すごくうまいのよ。２番の問題で○さんが固まっていたら，●さんが近づいてきて……」という話題が毎回，毎回，日替わりに出てきます。そんな話題を通して，一緒に笑いながら話し続けることが出来ます。

悩んだ先生は，そのような会話をしながら，「この人だったら，悩みを言っても受け入れてくれるのでは……」と値踏みをしているのです。逆に周りの先生方は，「あれ，反応が悪いな？どうしたんだろう……」と気づきます。

全校『学び合い』のとき，毎回，毎回，日替わりで楽しい話題が提供されます。それは全校『学び合い』のときだけで話し尽くせるわけではありません。さらに，全校『学び合い』の影響がクラスの授業に表れる場合もあります。そうなれば，話したくて，話したくてしょうがなくなります。

3 職能の伝授

1 優秀な若手

全校『学び合い』で学校づくりをしている学校に定期的に入って授業を見ていました。

その学校には，大学を出たての臨時採用の先生がいました。授業は従来指導型です。後ろで授業を見ていると，しっかりとした授業をする先生です。教材もしっかり勉強されていますし，声も良く，指示がハッキリしている人です。とても教職経験が１年目の先生とは思えない人でした。ただ，子どもをしっかりと叱れないところが気になっていました。

私は教員養成系大学の教師をしていますが，最近の学生さんを見ていると「しっかり叱れない」という人が以前より多くなったように思います。原因は色々あるでしょう。学生さんに聞くと，「叱ると子どもに嫌われるから」と言います。

そのため，しっかりと子どもを掌握しているという感覚を持てないので，子どもを自由にして任せるということが出来ません。つまり，締め方も弱いと緩め方も弱くなり，結果としてメリハリがなくなります。そのことは校長も気づいていて，「あれだけ優秀な人なのに，玉に瑕だね」と私と話し合っていました。

2 全校『学び合い』で

ある日の全校『学び合い』のときでした。全校が集まり勉強する大きな部屋に子どもが集まってきました。しかし，ある学年が体育の時間が延びたため，少し遅れて入ってきました。そのため，集団全体がざわついてしまいました。

その地域の授業の最初の挨拶では「これから●時間目のお勉強をします」と日直が号令を言うと，全員で「はい」，「お願いします」と応えます。しかし，集団がざわついていたため「お願いします」がばらばらになってしまいました。

そのときです。その学校の中堅の先生が，「お願いされたくない！」と大声で一喝しました。私や若い先生もビックリしました。当然，子どもたちもビックリし，そして，シーンとなりました。

中堅の先生は，挨拶はいかに大事かを静かに，ハッキリと語りました。集団全体は暗く，シーンとなりました。そのとき，怖かった中堅の先生の表情が急に明るくなり，軽く冗談を言いました。子どもたちの中からクスクスという声が出てきました。そこで「じゃあ，もう１回，挨拶をしよう。●年生の日直さん」と言うと，全体がしっかりとした挨拶をしました。

それから数週間たってみると，そこの校長が「●さんが変わりました」と言ってきたので，若い先生の授業の様子を校長と見ました。たしかに変わっていました。もちろん，怒鳴ることはしません。しかし，叱るべきところは，しっかり叱るようになっていました。

教師にとって，叱り方，褒め方は基本中の基本だと思います。しかし，それを大学や教育センターで教えてもらったことがあるでしょうか？『学び合い』では実地にそれを学び，それを基に，自分なりの姿に改良することが出来るのです。

4 研究授業

1 見る側，見られる側

授業を互いに見せ合いながら授業能力を高めようとする学校は少なくありません。しかし，それが本当に機能している学校がどれだけあるでしょうか？あまりないですよね？それが証拠に，その勉強になる授業公開に積極的に手を挙げる職員が多い学校は殆どないと思います。なぜでしょうか？

大抵の研究授業は，授業を見せる１人の教師と，それを見守るその他の多くの教師に分けられています。そのような構造では，温かいコメントも非難に聞こえてしまいます。授業公開した教師も「そんなこと言って，あなた出来るの？」と心の中で言いたくもなります。

2 全校『学び合い』の研究授業

全校『学び合い』では全員が授業者であり，全員が観察者です。従って，非難と誤解される危険性が著しく減少します。同じ立場で，その授業の課題を言い合えるし，改善点を言い合えるのです。これだったら１対多数の研究授業より明らかに気が楽になりますよね。

ある先生が，子ども同士が計算の仕方を教え合っている場面を見ながら首をかしげていました。しばらくして，その先生は先輩教師をその場に呼びました。しばらくして２人で，ホワイトボードの前で話し合い始めました。私がそっとそばに近づいて聞いてみると，その先生は子どもが何を分からないのか，そして，別の子どもはどのように教えているかを先輩教師に説明していました。先輩教師にホワイトボードを使いながら解説していました。

私が自動車教習所で運転免許を取った際の経験です。路上運転のコースは似通ったところを回ります。そのコースを運転する時々に教習所の教師は，「ここでは減速する」，「ここでは加速する」という指示を与えます。私は一生懸命にそれを覚えます。ところが，ある教師が「ここでは減速する」と言った場所で，別な教師が「ここでは加速する」と指示することがあり，混乱します。さらに，同じ教師さえも，異なった指示をすることもあり，さらに混乱します。

教習所は自宅の近くであり，そのため路上コースは自宅の近くにあります。免許を取得後，何度もその路上コースを通ります。やがて分かりました。同じ場所であっても減速する場合もあり，加速する場合もあります。運転中，加速するか減速するかを決定するには，「その場所」だけではなく，実に様々な要因が複雑に絡み合っています。それらの多様な情報を基に，自分で総合的に考えなければならないのです。クラスにおける教師も同じです。

ところが，大学や教育センターでは，どうしても数多くの情報の中から少数の情報を切り取って話をしなければなりません。中堅・ベテランは自分の過去の経験から，切り捨てられた情報を補完しながらそれを聞くことが出来ます。しかし，そのような経験のない教師はそれが出来ません。

全校『学び合い』では，その場で学べるため，多様な情報をまとめて得ることが出来ます。その中で，詳しく解説を受けることが出来るのです。

5 教科の壁を乗り越えられる

1 何で悩むか

教師が仕事で悩むことの一番は授業のことだと思います。なぜならば，教師の勤務時間の多くを占めるのは授業だからです。しかし中学校・高校で，この授業に対する校内研修体制は弱いと思います。

理由は，中学校・高校は教科担任制だからです。同じ学校に勤務する同じ教科の先生は自分だけということも少なくありません。高校の国語・英語・数学は同じ教科の先生は比較的多いですが，人間関係でうまくいかない場合もあります。

校内の研修も教科担任制のため，教科指導が学校の研修テーマになることは希です。多くは生徒指導や総合的な学習の時間やキャリア教育などの教科以外がテーマとして選ばれます。そして，教科の研修は自主的な研修団体か，公的な研修を通し行われます。しかし，イベント的な研修の出来ることには限界があります。

2 お茶飲み場

私の初任校が最底辺校で授業が成立せず，どうしていいか分からないときがありました。私は高校の教師で，理科の先輩教師はいません。職員室の隣の部屋にお茶飲み場があり，そこでお茶を飲むのが大好きでした。それは，バカ話の中にためになる先輩の話を聞くことが出来たからです。私が失敗したとき，落ち込んだとき，先輩教師から「俺も○○ということあったんだよな～。そのときは，○○で……」とその先生の失敗談，そして解決の方法などを，クラスの様子がありありと分かるようなエピソードを聞かせてもらいました。先輩教師の教科は様々です。K先生の場合は英語，SUW 先生の場合は数学，SUZ 先生の場合は社会，SA 先生は国語，F先生は体育でした。しかし，そのことに違和感はありませんでした。それは，先輩教師が語ってくれたのは教科学習の場面ではありますが，教科の内容ではなく，教科を学ぶ子どもの姿（そして教師の姿）だったからだと思います。さらに教科内容であっても，「そりゃ，俺だって分からないよ。ましてや生徒が分かるわけないよ」とその教科を嫌う子どもの気持ちを代弁してくれることもあります。

実は，小学校でも程度の差こそあれ，専門教科というものがあります。小学校の教師を対象とした，市町村レベルや全県レベルの教科別の研修グループがあります。多くの先生はいずれかのグループに半強制的に参加します。結果として，全科の先生である小学校の先生も，「国語の専門」，「体育の専門」などの分類がなされます。そして，学校の研修テーマが算数となれば，自ずと算数の専門の先生にお任せというふうになります。

全校『学び合い』では，どの学校段階でも，どの教科でも子どもを見るという視点で一貫しています。そのレベルで話すならば，高校教師だったときの私のように教科を越えて語り合うことが出来ます。そして，それによって教科担任制の中学校・高校でも校内に授業のことを相談できる仲間を見つけることが出来ます。

6 職能形成

1 教師の職能

以前，教師の職能形成に関する調査をしました。方法は，様々な現職教員に「これぞ教師の職能」と思うことは何かを調査しました。そして，それを分かったのはいつ頃かを聞きました。

その結果，教職経験数年で気づくのは教材内容に関する知識・技能です。例えば，水素を発生させるには亜鉛と塩酸を混ぜます。ところが亜鉛を放置すると酸化被膜が表面を覆います。その結果，塩酸と混ぜても反応しません。このようなときは硫酸銅の水溶液に浸せばいいのです。銅のほうが酸化しやすいので，亜鉛についた酸素を銅が奪うのです。このようなことは化学の本には書いてありません。理科教師特有の知識と言えるでしょう。このような知識は他の教科でもあります。

教科内容が分からなければ授業は出来ないのですから，最初に獲得する知識・技能であることはうなずけます。この知識を獲得した人の多くは，この知識のままで留まり，「教師の職能＝教科の知識・技能」で教師人生を終える人もいます（教材レベル）。しかし，ある割合の人は次の段階に進みます。

経験６，７年ぐらいになると「教え方」の知識・技能の重要性に気づきます。ちょっとした発問で分かり方が大きく変わったり，その発問の順序を変えるだけでも分かり方が変わることに気づきます。そして，「教師の職能＝教科の知識・技能＋教え方」という職能を形成します（指導法）。そして，それで教師人生を終える人もいます。ところが，ある割合の人が次の段階に進みます。

経験十数年ぐらいになると，子どもを理解しなければならないことに気づきます。子どもは一人一人違い，同じ教材，同じ教え方でも分かり方が違うということを理解します。それも，「能力の有無」という単純な理解ではなく，一人一人の特性を理解して授業を考えられるレベルです。そして「教師の職能＝教科の内容・知識＋教え方＋子ども理解」という職能を形成します（子ども理解）。

郡市レベルの研修会でも１人か２人レベルですが，次の段階の能力に達する人がいます。それは集団を理解するレベルです。

以上のように書くと，「教材レベル」の先生が職能がないように誤解されるかもしれません。しかし，そのようなことではありません。教材レベルの先生が，その職能を最大限に生かした素晴らしい授業は可能です。逆に，「子ども理解レベル」であっても首をかしげたくなる授業もあります。

相撲に置き換えれば，「右四つ」１本で幕内の上位に行く関取もいますが，技が多様でも出世できない力士もいるのと同じです。

この４つの段階を，授業研究会やその後の協議会での発言に対応させます。

教材レベルの人の場合は，板書や配られたプリントなどに注目します。そして，それが教科を背景とした学問と一致するか否かを議論しようとします。

指導法レベルの人の場合は，その先生がどのような授業方法をとっているかに注目します。その方法と，それに類似した方法とを比較し，その是非を議論しようとします。

子ども理解レベルの人の場合は，抽出児童にべったりと張りついて，その子がどのようなことをしたかを丹念に記録します。その結果に基づいて是非を議論しようとします。

最後の郡市で数名の人の場合は，クラス全体を見回すことが出来ます。例えば，ある班で面白い発見をしたが，数分後に別な班でも同じ発見をしたとき，それは仲立ちをしている子どもがいることに気づき，その過程を授業検討会に述べられるのは，このレベルの先生です。子ども理解レベルの人は１人の子どもや１つの班に視点が固定されているので，これを見取ることが出来ないのです。実は，『学び合い』とは，この集団を理解するレベルのことを大事にしている授業と言うことが出来ます。

2 授業検討会で

多くの研修会に参加し，授業検討会の会話を記録・分析しました。その結果，その検討会で出る指摘の殆どは，教職経験数年で気づける教材レベルでした。皆さんの参加した研修会でもそうだったと思います。結果として，そのような研修会に参加しても，教材レベルの職能の向上しか期待できないのです。

話は大きく変わります。以前，中学生に小学生相手に授業させる実践を行いました。教師がある授業を見せて，その授業を受けた中学生が，小学生にその授業をするのです。授業をするために中学生はグループになり話し合いました。その話し合いは，みごとに教育実習生の会話と同じです。授業に関する話に関しては，中学生も大学生である教育実習生も違いはありません。そして，会話のレベルは教材レベルなのです。ま，ある意味しょうがありません。何しろ，教職経験数十年の人も参加する授業検討会であっても教材レベルの会話が殆どですから。

中学生は小学生の前で授業をしました。彼らには別な小学校で，同じ授業をすることを求めました。その準備のために彼らは集まって話し合いました。そこでの会話は激変しました。教え方レベル，子ども理解レベルの会話が頻発しました。さらには郡市で数人の人しか出来ない集団全体を俯瞰する会話さえあるのです。

3 なぜ，中学生が

なぜ中学生が急激に職能を高めたのでしょうか？彼らの会話を分析すると，全ての子どもが教え方レベルや子ども理解レベルのことに気づけるわけではありません。しかし，それが重要だということは分かります。そのため，集団の中の数人がそれに気づき，話題にすれば，集団全体でそれを膨らませることが出来ます。さらに，一人一人は小集団に着目をしてクラス全体を見ていなくても，そこで気づいたことを話題にすれば，小集団同士の関係に気づけるのです。つまり，集団として職能を高めた結果です。

振り返って，現状の授業検討会での話題が教材レベルに留まっているのはなぜでしょうか？理由は集団として機能していないからです。では，なぜ，中学生は集団として機能し，教員の授業検討会では集団として機能しなかったのでしょうか？

中学生は実際の授業で「教師役」に誰がなるかを重視していませんでした。全員が授業の当事者の立場に立っていました。ところが現状の授業検討会では，１人の授業者「対」参観者の構図になってしまっています。

全校『学び合い』では，教師集団全員が授業者であり，かつ，参観者の立場に立てます。結果として職能形成がなされやすいのです。

カリキュラム・マネジメント

COLUMN

授業検討会のノウハウ

授業検討会に参加すると，最初に●●さんが口火を切って，次は●●さんで，●●さんの意見で決まりになる，という構図が出来上がっています。職員会議も同じですよね。結果として，若い人の意見が出にくくなっています。そのような問題を解決し，先に述べた中学生の授業検討会のようなことを実現するノウハウがあります。

授業検討会の際，全員に付箋を配布します。参加者は気づいたことをそこに書きます。そこには書いた人の名前と，それに気づいた時間を書くのです。

「０～５分」，「５～10分」…のように５分ごとに区切った枠を書いた大きな模造紙を用意します。授業終了後に，参加者は時間ごとに付箋をそこに貼ります。そして，その模造紙の前で何が起こったかを見ます。気になったことがあったら，それを書いた人に直接聞きます。結果として，模造紙の前で数人の立ち話がいくつも出来ます。

その後に，授業検討会をするのです。

この方法をとると，全員が発言出来ます。そして，面白い発見であれば，誰であっても注目され，それが議論の対象となることが出来るのです。そして，一人一人は小集団に着目をしてクラス全体を見ていなくても，そこで気づいたことを話題にすれば，小集団同士の関係に気づけるのです。

時間は誰にでも簡単に分類出来ます。だから機能するのです。

第4章

今なぜ，全校『学び合い』が有効なのか

『学び合い』が日本に広がっているのは時代の必然であるのと同じように，今，『学び合い』学校が広がる時代の必然があります。学校体制で『学び合い』を取り入れなければ，学校レベルで問題が多発します。その原因は何かを説明したいと思います。

1 忙しさの理由

1 思い出話

私が高校教師だった二十数年前は，学校には余裕がありました。放課後に子どもと遊ぶ先生もいました。教務室に行けば雑談をしている教師がいました。夏休みには，ゆったりと教材準備をしている先生がいました。

職員室の横には物置兼，会議室兼，お茶飲み場がありました。新任の私は一番で学校に出勤します。まず，机を拭いて，前日のお茶ガラを捨てて，お湯を沸かします。その頃に現れる先輩教師と色々と雑談するのが大好きでした。

独身で行くところのなかった私は，毎日学校に行きました。そして，お茶飲み場で先輩教師と雑談していました。先輩教師の「授業がなければ，学校は天国だよね」というバカ話を大笑いしながら聞いていました。

2 現状の忙しさ

教師以外の多くの人は，教師は，夏休みは暇だろうと思っています。実際は全く違います。毎日，毎日，研修が連続して組まれ，年度によっては授業のある期間より忙しいのが実情です。

今は，放課後に子どもと対応している時間もありません。教員の労働を調査した報告書（国民教育文化総合研究所「教職員労働国際比較研究委員会報告書」2009年２月）によれば，平均的な教員の姿は以下の通りです。

『起床時間は５時48分。家を出るのは７時11分，通勤時間は25分で，７時36分には学校に着く。教員は職員室に行き身支度を整えた後，授業準備，書類の整理，部活指導，校門指導などにとりかかる。実際の仕事開始である。

子どもが教室に揃った８時18分から朝礼，朝の会，朝学習・読書の指導をする。１時間目の授業は８時40分くらいからになる。時間割上の授業が終わった後での掃除指導や帰りの会などが終了する時間が16時03分。その後，教員はクラブや部活の指導，採点や成績つけ，書類作成などの仕事をこなす。学校を出るのはその３時間後の19時26分である。その間に休憩をとっている時間はたったの20分間である。帰宅に要する時間は朝より長くて30分だから自宅には19時32分着で，就寝までの帰宅後の時間は３時間53分，就寝時刻は23時25分となっている。睡眠時間は７時間に満たずに６時間23分である』

いかがでしょうか？これが学校の先生の実情です。最近，もてはやされているフィンランドの教員の労働時間は６時間16分（日本11時間06分）で睡眠時間は７時間43分（日本６時間23分）です。私が知っている人の経験談に，笑えない話があります。上記の状態を問題にした労働基準局が学校に申し入れをしたそうです。しかし，労働基準局の申し入れた労働時間では学校の仕事が終わりません。そこで，教務主任が学校近くの喫茶店で仕事や会議をすることを提案し，そうなったとのことです。笑い話のようですが，夜遅くまで明かりがともる学校は少なくないですが，労働基準局が調査したらどんな結果が出るのでしょうか……。

2 なぜ日本の教師は忙しいのか？

1 書類の山

日本の教員はなぜこんなに忙しいのでしょうか？先の調査によれば，書類作成に大きな差があることを指摘しています。例えば，フィンランドでは月当たりの書類作成は5.7なのに対して，日本のそれは22.8と極端に多い状態です。例えば日本の場合，O157の事件があると，行政はそれに対応したマニュアルをつくらなければなりません。一人一人の教師は，そのマニュアルに沿った膨大なチェックリストを書かなければなりません。例えば，マスクを忘れた子どもがいたかどうかというチェック項目があります。もし，マスクを忘れた子どもがいた場合，その子に対してどのような指導をしたかを詳細に書く欄があります。それが毎日続くのです。

研究機関の薬品が盗まれる事件が起こると，学校における薬品管理が厳しくなります。今までは，オープンな棚で大ざっぱな量の管理に留まっていたのが，厳重な薬品庫にしまわれ鍵で管理をするようになります。数量計算は厳密で，毎回の実験ごとに使った薬品の量を記録しなければなりません。

遊具で事故が起こると，遊具確認が徹底的に行われるようになります。今までは，係の教師が１人でチェックしていたが，複数の先生がチェックを厳重に行うようになります。例えば，ロープには複数の先生がぶら下がり，鉄棒は様々な技を教師がチェックするようになります。そして，それに関する書類を作成します。

以上は，ほんの一例に過ぎません。実際は上記の数十，数百倍の書類の山に埋もれています。現在の教師は教育職ではなく事務職になっているのです。

2 増える仕組み

これらの書類書きは，以下のような過程で生まれ，蓄積しているのです。まず，教育に関して何らかの事件が起こったとします。国会の議会答弁に対応するため，直ちに，文部科学省が調査を実施します。それは県に，市町村におろされ，最終的に各学校でその調査が実施されます。このようなことは国レベルのみならず，県，そして市町村レベルの議会で議論されます。それに伴って，県，市町村の教育委員会が独自に調査を行います。結果として，何か問題が起こる度に，国，県，市町村からの，ほぼ同じ調査が各学校で行われることになります。

その次には，「これこれの対策を講じました」と目に見える形で議会に報告しなければなりません。具体的には，誰からも文句が出ないような厳重なマニュアルを作成することとなります。そして，1度そのようなマニュアルをつくれば，それはそれ以降毎年実施されることになります。なぜなら，「もう必要はない」という説得力のある説明は困難であるからです。そのような調査・マニュアルに対応した書類が学校現場には山のようにあります。それは，それで意味があるでしょう。たしかに厳重にチェックすれば事故は防げます。しかし，そのために教師が余裕を失い，子どもとふれあう時間が少なくなることを合理化できる意味があるとは思えません。

3 今なぜ？

1 現状の職場

今まで述べたように学校の先生はあっぷあっぷなのです。でも，なぜ，最近，あらゆる問題が表出してきたのでしょうか？私は教師同士の協働が弱体化したためだと思っています。

私がある教員研修会で講演した後に懇親会に参加しました。その際，学校の諸問題を解決するポイントは教師集団の協働であることを挨拶で述べました。席に座ったら，隣に座った懇意のＡ先生が，小声で「若手を救おうと思うと，自分も死んでしまう。だから，若手が死んでいくのを，可哀想だけどじっと見ているだけ。現場は，それだけ余裕がないんですよ」と自嘲的・悲しげに語ってくれました。これは，本当に衝撃を受けました。その先生は，現場実践家として高名で，現場で実践研究を真面目にやっている人だったら知らない人はいないと思います。また，お話ししても，人柄の良さがにじみ出る方です。その方が，そのように語ることを聞き，顔には表さないようにしていましたが，腰が抜けるほど衝撃を受けました。「あの方でさえ，そうであるならば……」と思います。

ビックリした私はそのことをブログにアップしました。とたんに，別のＢ先生から以下のようなメールが来ました。

『Ａさんの話は，信じがたい話です。たしかに若い世代と仲良くなることはエネルギーを必要とします。でも，その分エネルギーをもらえばいいだけの話です。結構楽しいです。ですから，必ず世話をする人が現れます。困っている先生をそのまま見捨てるような学校は，病んでいます』

これをブログで紹介すると，別のＣ先生から以下のメールを頂きました。

『Ｂさんが書いていることは，分かるようだけど，私には分かりせん。彼の知っている学校は「病んで」いないのかもしれませんが，私の知っている学校は病んでいます。現実問題として，私は今，困っている先生を助けずに溺れていくのを見ぬふりしています。「大丈夫？」とは言えることはあっても一緒に考えたり，相談にのったりする時間はありません。正直言うと，こっちが聞いてほしい状況です。たまりにたまって教頭に話すと，教頭が私以上に苦しんでいることを知るのでした。とにかく病んでいるんです』

A先生，B先生，C先生ともお人柄に関しては太鼓判で，教師としての力量も超A級の先生なのです。では，なぜ違うのでしょうか？３人のメールを読めば，協働が見えるか見えないかがはっきりと見えると思います。

2 原因はどこに？

皆さん，現在及び過去に勤めた学校の先生方の年齢構成を思い起こして下さい。30代が少なく，若い先生と50才代の先生が多いはずです。この傾向は全国的に一致しています。

ちょうど私が教員に採用された頃は，比較的多くの先生を採用しました。ところが急激な少子化のため，どの都道府県も急激に採用を減らしました。最近では少人数指導に対応するため，採用を増やしました。その結果として，先に述べたようなフタコブラクダのような年齢構成が形成されます。さらに，交通の便がいいなどの理由で，教員に人気の高い学校の場合，先生は転出したがりません。もし，人事交流のルールが厳格ではない地域の場合は，そのような学校ではベテランの先生の割合が相対的に高いヒトコブラクダになりがちです。逆に，教員に人気の低い学校の場合は，配置しやすい新規採用者や若い先生が多くなり，これまたヒトコブラクダになりがちです。

3 再び集団構成

ここで先に書いた，子どもたちの集団の学年構成と話し合いの姿の話を思い出して下さい。１つの学年で構成した場合は，特定の人だけが話をリードする話し合いになるのです。最初はワイワイと仲が良いのですが，意見の対立が起こるとどちらも引っ込みません。しかし，結果としてニワトリのつつき合いの序列が形成されると，下位の人は話し合いには参加しません。「どうぞ，ご勝手に」というスタンスです。

ところが，２学年で集団が構成されると，上学年の子どもが，下学年の話を殆ど無視してどんどん進めてしまいます。ガンガンにやる子の場合は，「いいんだよ，とにかくこうするんだ！」と言い切り，下の学年は黙ります。優しい上学年の場合は，下学年の意見を「ふ〜，そう，そうなのね」と聞くポーズはしますが，「でもね……」と自分の意見を押し通します。結果として，下学年は抑圧されていると感じ，交流を避けるようになります。上学年は，何で下学年のお世話係をしなければならないのか不満に思います。

以上の説明を聞けば，自分の経験に照らして，自分の職場や社会人のサークルで同じようなことが起こっていることに気づかれるでしょう。このようなことは大人も子どもも違いはなく，人間の集団に一般的な特徴と考えられます。残念ながら現在の学校は，上記の単学年もしくは２学年と同じ状態になっているように思います。

昔から教員は忙しかったです。しかし，どんな職場にも抜け道はあるものです。先に述べたように膨大な書類づくりに教員は忙殺されています。それは程度の差はあれ，昔もありました。私が高校教師だったときもそうです。しかし，先輩教師から，どれがしっかり書くべき書類で，どれがそうでない書類かを教えてもらえました。そして，先輩教師が昨年書いた書類を見せてもらい，それを多少手直しして出せばいいことを教えてもらえました。それだけでもだいぶ楽です。

若い教師は授業に失敗することはあります。私もそうでした。そんなとき愚痴をいっぱい聞いてくれる先輩教師がいました。愚痴をいっぱい語り尽くせば，「やるぞ！」という気持ちがわきます。これは中堅の教師だって同じです。

昔は年齢構成のバランスが取れていました。そのため先に述べた３学年以上で構成された子ども集団と同じようなことが起こります。つまり，中堅が考え，若手が走り，ベテランが守るという集団です。しかし，今はそのようなことを自然発生的に期待することは出来ません。

似たような年齢の職員集団やフタコブラクダのような年齢構成の職員集団において，協働が生まれるには意図的なものが必要です。それを実現するのが全校『学び合い』なのです。

カリキュラム・マネジメント

COLUMN

ゆとり職員室

学生が「徹夜してやったんです」と胸を張って言ってくると，私は「徹夜する理由は３つある。第１は，無能である。第２は，無計画である。第３は，無能かつ無計画である。では，君はどれ？」と聞きます。

日本の教師は真面目です。その真面目さを互いに，「遅くまで職員室にいる」ということで証明しているようです。しかし，違います。遅くまで職員室にいる理由は，無能か，無計画か，無能かつ無計画なのです。不夜城の職員室が美徳である現状を何とかしたいと思います。

子どもにとって大人の代表は「教師」なのです。その教師がへとへとで，大人になりたいという子どもを育てられるでしょうか？思い出して下さい。皆さんのお子さんは皆さんの会話を家で聞いています。お子さんに「将来，どんな職業に就きたい？」と聞いて「先生」と言ってくれるような会話をしているでしょうか？

全校『学び合い』が成立すれば，教師は「気が楽」になると思います。是非，それを恥じるのではなく，誇って下さい。ゆとりが必要なのは子どもではなく，教師なのです。ゆとりのない教師に良い教育は出来ないことは確かです。

胸を張ってゆとりを生み出しましょう。

第5章

全校『学び合い』の理論と活かし方

全校『学び合い』を実践すれば，どこが今までと違うかを聞かれると思います。逆に，それを積極的に説明すべきことがあるでしょう。

我々は既存の知識で目の前の現象を理解します。結果として，『学び合い』を既に知っている“学び合い”の一種だと理解しようとします。結果として，『学び合い』がいつの間にか，な～んちゃって『学び合い』になる危険性があります。

その場合，どのところを押さえるべきかを説明したいと思います。

1 手段としての“学び合い”

1　4種類の“学び合い”

子どもたちの関わりを大事にした授業には様々なものがあります。その形態によってグループ学習，班学習，ミニティーチャー，バズ学習，ジグソー法，ペア学習などと呼ばれます。これらをここでは“学び合い”と呼びましょう。

大きな書店だったら“学び合い”だけで２，３の本棚が埋まるほどの書籍があるほど多様です。“学び合い”は大きく分けて，手段としての“学び合い”と目的としての“学び合い”に分かれます。

手段としての“学び合い”とは何らかのものを向上させるための手段として“学び合い”を利用する授業です。これが“学び合い”と呼ばれる授業の圧倒的大多数を占めます。そして，この手段としての“学び合い”は達成したいものによって，学力向上のための“学び合い”と人間関係向上のための“学び合い”に分けられます。

どこで見分ければいいかは，何をもって“学び合い”を達成したか否かを評価するかです。学力向上のための“学び合い”の場合は，テストの点数で達成したか否かを評価します。人間関係向上のための“学び合い”の場合は，Ｑ－Ｕテストや，子どもの言葉が優しいものになっているか否かで評価しています。

それらを両方とも評価したとしても，両者は別々に扱われ，両者を関連させて評価することはありません。また「我々の“学び合い”はテストで計れるものではない」や「子どもや保護者がまず望むのは入試の結果だ」という意見が会議の中で出ます。いずれも学力向上と人間関係向上は，ぎりぎりまで進めれば両者は矛盾すると考えるからこその発言です。

2 様々な特徴

学力向上のための“学び合い”の場合は，テストの点数が念頭にあるため，「よく学び合ったらプラス10点を上げます」のような評価をします。これは学び合うこと自体が，テストの点数の10点ほどの価値であることを子どもたちの前で表明していることになります。

人間関係向上のための“学び合い”の場合は，受験やテストの点数のために勉強している子を説得することが困難になります。これは小学校高学年から顕在化し，中学校・高等学校になると顕著です。従って，中学校や高等学校で人間関係向上のための“学び合い”というのは少なくなってしまいます。ある場合は学力向上のための“学び合い”との抱き合わせになります。しかし，その場合は学力向上が主たる目的となるため，本当に低学力の子どもや対人関係が築けない子は“学び合い”の輪の中に入れないという結果を引き起こします。そして，職員同士の中で，学力向上か人間関係向上のいずれを大事にすべきかという意見の相違が生じます。

2 目的としての“学び合い”

1 コインの表裏

目的としての“学び合い”の場合は，学力向上と人間関係向上を分けません。例えば，コインの裏と表のどちらが多いほうが良いかという議論が生まれないと同様に，学力向上と人間関係向上が表裏一体であると考えます。そして，人と関わることによって表裏一体に育てることが出来，それこそが学校教育の本質的な価値だと考えます。

この目的としての“学び合い”は，子どもたちの能力（逆に言えば，教師の能力）をどのように評価をするかで２つに分かれます。一方は，子どもたちの能力を高く評価する一方，教師の能力には限界があると考える“学び合い”です。これは『学び合い』です。他方，子どもの能力には限界がある一方，教師の能力によって子どもの能力の足りないところを補えると考える“学び合い”もあります。

2 業績を上げられる管理者

リッカートという研究者は，様々な業種の管理職を調査し，優れた業績を上げられる管理職はどのような特徴があるかを調べました。その結果，主任や係長のように，管理職であると同時に自らも部下と同じような仕事をしているような下級管理職と，社長や取締役のような上級管理職では，求められる職能が異なることを明らかにしました。学校に置き換えるならば，「先輩教師・学年主任・教科主任」と「校長」では求められる職能は異なる，と置き換えられます。

先の分類で言えば，『学び合い』での教師の立ち位置は上級管理職の立場です。社内（クラス）には未熟な社員（子ども）もいるが能力のある職員（子ども）もいるので，それらを有機的な集団とすれば細かい指示は不要と考えます。これは，リッカートの研究では集団参画型と分類されていますが，上級管理職で成果を上げている人の特徴です。

一方の『学び合い』以外の“学び合い”における教師は，仕事のことを全く知らない新入社員を数十人預かった主任と同じです。リッカートの研究では，独善的専制型・博愛的専制型に分類されています。専制型と言うときつい表現ですが，テレビ番組で放映される「優しい，生徒思いの先生」の特徴と一致しているのが「専制型」の特徴です。

リッカートによれば，下級管理職の場合，部下がやっていること自体の知識をどれだけ知っているか否かが業績の正否に関わります。ところが，上級管理職はそのような知識はそれほど重要ではありません。その代わりに必要なのは，その企業の社会的責任は何か，会社として何を目指すべきかという基本的方針を定め，そこから生み出される未来像を描けるか否かなのです。

『学び合い』は，何よりも子どもを大人にしたいと願っているのです。子どもを子ども扱いしている限りは大人にはなりません。学校は社会に出る「前」に子どもを大人にしなければならないと考えるからです。そして，それは小学校低学年（実は幼稚園年中）から本格的に始めなければならないと考えています。

3 手段としての“学び合い”との混乱を避けるために

1 方法

『学び合い』を実践した学校や人が，様々な改良（？）をしようとします。子どもという生ものを相手にするのですから当然です。問題なのは，その改良をしようとする動機です。手段としての“学び合い”の本体は，学力向上や人間関係の向上です。しかし，例えば学力の場合，自分たちの考える「学力」とは何かを考えることは，意味もない抽象論だと考え避けるか，本当に抽象論に陥ってしまいます。そのため，とりあえず今日の課題が出来るか出来ないかを学力だと考えてしまいます。結果として，「ある日にある子が出来なかった」，「ある子が丸写しした」レベルを問題として改良（？）しようとします。

しかし，『学び合い』の本当の本体は「一人も見捨てない」ということなのです。クラスには様々な子どもがいます。教師が何か手を入れれば入れるほど，一部の子にとってはフィットしますが，フィットしない子どももいます。一人も見捨てないことを本当に目指すならば，対処療法ではなく，互いに支え合う子ども集団を育てるしかないのです。そのためには出来るだけシンプルにして，子どもたちが自ら考え行動する余地を多くしなければならないのです。

本書でも，『学び合い』の他の本でも紹介している方法は，あくまでも「一人も見捨てない」ということを目指した様々な実践者のトライアンドエラーの集積を例示しているに過ぎません。

2 古典力学

以下の例は物理嫌い（つまり日本人の大多数）の方には分かりづらいかもしれませんが，最も正確な例え話なのであえて書きます。

大学で物理学を学んでビックリしたのは，F＝mαという式を３次元空間に拡張して，それを積分したり微分したりすれば高校で学んだ物理の公式の大多数は導かれるということです。な～んだ，と思いました。高校ではそれらをばらばらの公式として覚えさせ，使わせていました。しかし，大多数の人にとっては，そのやり方のほうがまだ「まし」の教え方であることも分かります。とにもかくにも物理学の訳の分からんF＝mαという公式を丸呑みして，それを微分したり積分したりするのは難儀ですから。とりあえず，実際に使える公式を覚えさせ，それを適用するほうが「まし」ですから。

しかし，本当に物理を学ぶとしたならば，大学の物理学のように基本となるF＝mαを学び，それを様々に展開し，その強力さを実感するほうが良いのです。高校での物理は，その前準備に過ぎません。

私は色々な人に『学び合い』の手ほどきをします。それは具体的な色々な場面で，どうやるかという質問に応えるものです。私はありとあらゆることに瞬時に応えます。その理由は，『学び合い』をし始めた方の悩みは非常にパターン化しているということが第１の理由です。でも，それだけではありません。『学び合い』は「一人も見捨てない」という願いから，ありとあらゆることが導かれるからです。あたかも古典力学の公式がF＝mαから導かれるようなものです。

4 子どもの能力を低く見積もると

1 テクニックの罠

『学び合い』を実践する人の多くが陥るものに，テクニックの罠というものがあります。

何事にもスランプというものがあります。「セオリー通りのことをしているのに，子どもがなかなか学び合ってくれない」，「成績がなかなか上がらない」，「昨年までうまくいっていたのに，今年はうまくいかない」ということは『学び合い』においても起こります。

多くの教師（特によく勉強している教師ほど）は，それまでに学んだ様々なテクニックを併用しようとします。『学び合い』が有効であり，今までに学んだテクニックも有効であれば，それを合わせればより有効になると思うのは当然です。しかし，併用すれば併用するほど悪化します。

様々な原因がありますが，大きな原因は２つです。第１に時間です。『学び合い』は子どもに任せる時間を長くすれば長くするほど幾何級数的に効果が上がります。逆に言えば，任せる時間を短くすれば幾何級数的に効果が減少します。従来のテクニックを併用すれば，当然，子どもに任せる時間は短くなります。

しかし，重大なのは，テクニックの併用で何とかしようとする心です。これは子どもの能力を信じていない証拠なのです。

能力の特別高い教師の場合は，それによって素晴らしい授業は出来るかもしれません。しかし，それは『学び合い』のように見えて，違います。ものすごく『学び合い』に見た目が近い従来指導型なのです。なぜなら，子どもを信じていないからです。そして多くの教師の場合は，その心を子どもに見透かされ，子どもが教師に依存的になり，自分で考えなくなります。

その結果，慌ててテクニックをさらに加え，悪化し，さらに加え，さらに悪化し……。

2 自分の心を見直す

『学び合い』がうまくいかなかった場合，「課題がうまくないから」，「このクラスの特徴」，「この学校の風土」などなどの理由を思い浮かべます。しかし，本当の理由は自分の心なのです。『学び合い』は極限までシンプルなので，教師の心が子どもに表れてしまいます。

どうしたらいいでしょうか。子どもたちに謝り，どういう問題があるかを率直に話し，それを乗り越える意味を語るのです。ちゃんと語れば，クラスの２割の子どもが仕切り直してくれます。その２割の子どもが６割の子どもを直ぐに引き入れてくれます。おそらく，あなたの抱えている問題の多くは直ぐに解決してくれるでしょう。

他ならぬ私も同じです。偉そうに書いていても，私も心が緩みます。そうすれば私のクラスである西川ゼミに様々な問題が起こります。そうなれば，何らかのテクニックを使いたい欲求に駆られます。しかし，それでは本質的な解決には至らないことをよく分かっています。

問題を解決するためには，子どもたちがその気になって，子どもたちが解決する行動をしなければならないのです。そのためには信じて任せるしかありません。

5 ゴールデンルール

1 悩んだら

『学び合い』であろうとなかろうと，クラスや学校には様々な問題が起こります。数十人，数百人の子ども，数十人の同僚という生き物が関わり合っているのですから当然のことです。

様々な問題があるでしょう。クラスの人間関係もあるでしょう。成績がなかなか上がらないこともあるでしょう。また，隣のクラスから「うるさい」と言われたかもしれません。

２つのことを考えて下さい。第１は，その問題が絶対に解決すべき問題であるかどうかを考えて下さい。おそらく，そうでしょう。クラスの人間関係が悪かったり，成績が上がらなかったりするのはクラス全体の問題です。また，同僚からクレームがつけば，『学び合い』がやりづらくなります。

第２は，その解決法が自分に考えられるかどうかを考えて下さい。もし，出来そうだと思ったとき，クラス一人一人の顔を浮かべて下さい。その子たち全員に正しく伝わり，変わってくれると確信が持てるかを考えて下さい。おそらく，無理でしょう。

つまり，絶対に解決すべきでありながら，解決が出来ない問題なのです。どうしたらいいでしょうか？ご安心下さい。ありとあらゆる問題を解決できる，『学び合い』クラスだけが出来るゴールデンルールがあります。

2 ゴールデンルール

『学び合い』のクラスでは，自分の頭で考え行動してくれる子どもがいます。そして，クラスの２割程度は教師の視点でクラス全体のことを考えることの出来る子どもがいます。

だから，子どもたち全員の前に，率直に現状の課題を述べて下さい。例えば，「君たちが元気いっぱいに話し合って，調べるために図書館に行くとき廊下でがやがやしていると，隣のクラスの勉強にじゃまになってしまう。そんなことが続けば，『学び合い』が出来なくなります。どうしたらいいでしょうか？」と語って下さい。そして，一人も見捨てない，という視点で語って下さい。その後は，どのように解決するかの方法に介入せず，出来たか出来ないか評価することに徹して下さい。例えば，うるさければ，「それでいいのか？」とクラス全体の前で説教をして下さい。

こう書けば，実は教科学習の『学び合い』と全く同じであることが分かると思います。そうです。『学び合い』は，教師が子どもの前に立ったときの一貫した方針なのです。それは，遠足の指導でも，掃除の指導でも，進路指導でも，何でも使える方針なのです。そのことが学校教育の大部分を占めている教科の時間でも一致しているからこそ，その他の場面でも徹底することが出来ます。

悩んだら，その問題を解決する意義を語り，方法には介入せず，結果を厳しく評価する。それが，『学び合い』クラスだけが出来るゴールデンルールなのです。

6 一人も見捨てない

1 はいどうぞ

教師が課題を言って，「はいどうぞ」という『学び合い』の授業を参観すると，多くの人はビックリします。しかし，毎回続くのでなければ実践した方は少なくないと思います。

例えば自習です。出張があり課題をプリントして自習させることはよくあることです。学級経営がうまくいっていれば，子どもたちは真面目に課題に取り組みます。また，理科の実験や体育の球技の場合，かなりの時間を子どもたちに任せていると思います。

そのような経験がある方には，「あ，あれね」と直感的に分かってもらえます。しかし，一方，それらとの決定的な違いがあります。それは「一人も見捨てない」ということの徹底です。

2 一人も見捨てない，の凄さ

今までの授業では，自分の課題が出来たら，その子はＯＫです。しかし，『学び合い』での課題は，与えられた課題を全員が達成することです。全員が達成するまで，全員が課題を達成していないのです。

今までの関わり合うことを求める授業の場合，授業中に何人かの人に教えたり聞いたりしたら，それでＯＫです。そして結果として課題を達成できない子がいたら，その子が勉強する気がなく，他の人にも聞きに行かなかったからです。

しかし『学び合い』では，もしも一人でも課題を達成していないならば，それは全員の責任（というよりも損）なのです。それは課題が出来なかった子ばかりではなく，それ以上に自分が出来たのにそのことを伝えなかった子どもにも責任があると子どもに語り続けます。

この「一人も見捨てない」という拘りこそが，『学び合い』の驚異的な成果の源泉なのです。これに拘らなければ，クラスをリードする子どもは，チョコチョコッと教えたら「分かった，ありがとう」と言ってくれそうな子どもを教えて，終わりです。しかし，「一人も見捨てない」ということを求めることによって，なかなか分かってくれない，つきあうのに気を遣う相手に教え始めます。それは難儀です。しかし，その結果として，教える側の子も全く違った視点で勉強できます。同時に対人関係の仕方を学ぶのです。一方，今まで見捨てられた子どもが，学力でも人間関係でも見捨てられなくなります。

やがて，クラスをリードする子の姿を，また，その子に教えられている子の姿を教師が積極的に評価することによって周りの子どもまねをし始めます。クラス全体が「一人も見捨てない」という集団になったとき，教師がどうやって教えたらいいのか，どうやって接したらいいのか途方にくれる子どもが目立たなくなります。

誇り

教師の，教師だから出来るテーマとは，「大人に育てる」ということです。そこにこそ，たった一度の人生の中で選択した教師という職業を，最高の選択だと確信し得る道があると思います。多くの教師が「大人に育てる」という志を持ち，教師という職業を選択したはずです。「２桁の足し算の繰り上がりの分からない子がいる，どうしよう」とか，「武家社会は御恩と奉公が基礎になっていることを分からせるにはどうしたらいいか？」とか，「『ごん狐』の兵十の気持ちが端的に表れる表現はどこだか分からない子どもがいる」とかに問題意識を持ち，教師という職業を選択した人は殆どいないでしょう。しかし，日常の「２桁の足し算の繰り上がりの分からない子がいる，どうしよう」とか，「武家社会は御恩と奉公が基礎になっていることを分からせるにはどうしたらいいか？」とか，「『ごん狐』の兵十の気持ちが端的に表れる表現はどこだか分からない子どもがいる」という問題の中に埋没し，教材や指導法や話術に誇りを見出そうとしています。または，授業外のクラブ指導，また，授業外の生徒指導の中で誇りを見出そうとします。なぜなら，日常の授業と「大人に育てる」こととをつなぐ道を見出せなかったからです。しかし，『学び合い』は日常の授業の中で「大人に育てる」ことが出来ます。そして，本当のプライドを得ることが出来ます。

『学び合い』学校をつくる中で，本当のプライドを回復した学校をつくりましょう。

第6章

全校『学び合い』実現のための４条件

私はゼミ生に，「我々は変なんだ。『学び合い』はおかしいと思っている人のほうが普通で，日本の教育の根幹を守ってくれている人なのだよ。それを理解して行動しなさい」と語ります。
多くの人にとって『学び合い』は変です。それを多くの人に理解してもらうには政治が必要です。そのノウハウをお教えしましょう。

1 同僚を分析しましょう

1 あなた

新たな製品（例えば，一昔前の携帯電話，今のスマートフォン）がどのように広がっていくかを調査した結果によると，かなり早い段階で新しい製品に手を出す人がいます。その人は「革新的採用者（イノベーター）」と呼ばれています。

この人の特徴は，アンテナが高いのです。本を読んでいますし，様々な研修会にも参加します。雑誌やインターネットで情報収集をします。人に先んじて可能性のある製品を購入する人です。本書を読んでいるあなたはイノベーターだと思います。この人は全体の2.5％ぐらいを占めます。つまり１校か２校に１人ぐらいの人です。

ただ，アンテナが高いので色々と試してみますが，その大多数は「はずれ」です。しかし，新しいことを始めるのだから「はずれ」があるのは当然だと考え，あなたは情報収集をし続け，よりよい実践を模索しています。

そんな中でじっとあなたの様子を見ている人がいます。それが「初期採用者（アーリーアダプター）」という人です。全体の13.5％を占める人です。つまり20人ぐらいの職場だったら２，３人います。この人は，あなたが半年以上も使っていることから「はずれ」ではないことを見極めたうえで，あなたに寄ってきて「それってどう？」と聞き，学びます。

2 普通の人

大抵の人は「革新的採用者（イノベーター）」の人が使っても，「あ，また，新しもの好きの●●さんだから」と黙殺します。しかし，「初期採用者（アーリーアダプター）」が使い始めると，「え？あの人も」と多くの人が注目し始めます。それから新製品に手を出すのは，初期多数採用者（アーリーマジョリティ）という人です。全体の34％の人です。革新的採用者，初期採用者，初期多数採用者の全部を足せば50％です。買ったら直ぐ使える製品（例えば，ナタデココやチンゲンサイ）の場合は，この段階でブレイクします。

しかし，買った後に学習が必要な製品（例えば，携帯電話や『学び合い』）の場合は，簡単にブレイクしません。なぜかと言えば，「革新的採用者，初期採用者」と「初期多数採用者」には決定的な違いがあるからです。「革新的採用者，初期採用者」は製品に大きな成果を期待します。そのためには苦労することは当然だと思うのです。

いち早くスマートフォンを購入している人の様子を見て下さい。やたら色々なアプリを登録し，それを使いこなしていると思います。そのために関係する書籍を購入したり，インターネットで情報を収集したりしています。でしょ？

では，現在，スマートフォンを購入している人の多くはそんな人でしょうか？おそらく，最初はアプリを色々と登録するかもしれませんが，結局，使っているのはごく少数だと思います。そして，携帯電話でも実現出来る程度のことで満足していると思います。実は私もそうです。

初期多数採用者が大事にするのは，大きな成果ではありません。今よりちょっとでも良ければ十分なのです。私がスマートフォンにした最大の理由は文字の大きさです。老眼で小さい文字を読むのに苦労していました。そんなとき，スマートフォンの画面に親指と人差し指をつけて，ぐっと広げると文字が大きくなる様子を見て，買おうと思いました。

初期多数採用者は大きな成果は期待しませんが，その代わりに求めるのは確実に自分が使えるという確信なのです。そのため，初期多数採用者に広がるためには，誰でも使えるような製品にしなければなりません。例えば，出来ること全てを使えるようにしていると，初心者は何が何だか訳が分からなくなってしまいます。だから，初心者が主に使うであろう機能に特化した初期画面やボタン構成を用意します。

ちなみに，『学び合い』の入門書である『クラスがうまくいく！『学び合い』ステップアップ』（学陽書房）では「イベント『学び合い』」→「週１『学び合い』」という確実なステップを提案しました。

3 その後

初期多数採用者が採用すると，速やかに後期多数採用者（レイトマジョリティ）が採用し始めます。この人たちは全体の34％を占めています。従って，この段階で84％が採用しているのです。

最後に残ったのは採用停滞者（ラガート）です。この人は，何だかんだと理由をつけてなかなか採用しません。実は，携帯電話に関しては私がそうでした。

私は，周りの人がほぼ全員使っている状態になって，周りの人から持つように求められても拒否し続けました。しかし，持たないと仕事に支障が出るような状況になって嫌々ながら使い始めました。

多くの人は，学校で何かをしようとするとき，それに最後まで強硬に反対する人を思い浮かべ，その人を説得しようと考えます。しかし，それは無理です。諦めましょう。その代わりに，あなたの新しい提案に興味を持つ少数の人を見つけましょう。必ずいます。その人と始めればいいのです。そこから徐々に広がればいいのです。

あなたの職場の同僚を一人一人思い浮かべて下さい。それぞれを革新的採用者，初期採用者，初期多数採用者，後期多数採用者，採用停滞者に分類するのはたやすいと思います。

4 クラスと同じ

以上が新しい製品が広がる過程です。しかし，これが全校『学び合い』が学校に定着する過程と全く同じなのです。

全校『学び合い』を勤務校の先生方に提案することを思い浮かべて下さい。おそらく反対する先生を思い浮かべると思います。事実，そのような先生は２割います。しかし，あなたが語れば動いてくれる先生も２割はいます。その先生とまず，２クラス（２学年）で一緒に合同『学び合い』をしましょう。今までの固定化していたクラスの人間関係は流動化し，様々な効果が表れるはずです。そうすれば，今まで反対も賛成もしないで，じっと様子を見ていた６割の先生方が興味を持ちます。合わせれば８割です。そしてその８割が時間をかけて２割の先生に分かっていただくのです。

ポイントは「気になる人」をどうにかしようとは思わず，分かってくれる人と一緒にやることです。そして，「一人も見捨てず」ということを大事にすることです。子どもたちに求めていることと同じなのです。

2 概念転換の4条件

1 分かっているのに……

人は基本的に「みんながやっている」という基準で物事の是非を判断しているのです。その人に『学び合い』の有効性を示すデータをいくら見せても納得しないでしょう。子どもが生き生きしている姿を見せても納得しないでしょう。例えば，あなたが「宇宙人が日本にうじゃうじゃいる」ということを証明するデータをいくら見せてもごまかしだと判断するでしょう。もし，本当の宇宙人を見せても，「精巧なぬいぐるみだ」とか「トリックだ」と思って信じないでしょう。そのような人にいくら言ってもしょうがありません。先に述べたように，それを信じている人が身の回りに一定数を超えない限り信じません。

しかし，あなたの同僚の中には，あなたの実践を見て『学び合い』はまっとうな考え方であり，それがかなり有効だということを理解できるのに，「でも，私はしない」という人もいるでしょう。そうなると，「なぜ??」と思うでしょう。そして，あなたは『学び合い』がいかに素晴らしいかをもっと語ろうとします。しかし，おそらくそれは有効ではありません。その人に必要なのは，その情報ではないのです。それを理解するには，我々が今までの考え方を激変するためには何が必要かを理解する必要があります。

2 4条件

科学概念が変容するにはどのような条件が必要かを示すモデルに，ポズナーのモデルがあります。それによれば，概念変容するためには，以下の4条件が成り立つことが必要です。

- **先行概念への不満が生じなければならない。**
- **理解可能な新しい考えが，利用可能なものでなければならない。**
- **新しい考え方は，もっともらしくなければならない。**
- **新しい考え方は，先行概念より生産的でなくてはならない。**

あなたが伝えようとしているのは，「新しい考え方は，もっともらしくなければならない」と「新しい考え方は，先行概念より生産的でなくてはならない」を一生懸命に説明しているのです。しかし，残りの２つの説明が足りないのです。

多くの人から勧められたのに，私は長らく携帯電話を拒否していました。その表向きの理由はさておいて，私の拒否した最大の理由は，携帯を持たなくてもそれなりに生活は出来たからです。それなのに使えるか使えないか確信を持てない携帯を持つことを，少しずつ先送りにしたのです。私には，親指でピコピコ携帯を押している人は異星人のように思え，とても私が出来るとは思えなかったのです。

では，どうすればいいか。第１に，その人がしょうがないと諦めていることを『学び合い』によって解決出来ることを伝え，その人が現状に不満を持つようにして下さい。第２に，『学び合い』は，その人でも簡単に出来ることを伝えなければなりません。

3 研修テーマ

1 反発する人

もし，あなたが『学び合い』を学校のテーマにしようとします。おそらく反発の嵐が起こるでしょう。

我々の大多数は周りと同じことを正しいと考え，そのように行動します。その特徴があるから安定した社会が成り立っています。現状で『学び合い』に疑問を持つ方のほうが普通であり，そのような方こそ日本の教育の不易なところを守っている方です。それをまず理解して下さい。そのような方々が多くを占める職員集団に『学び合い』をしようと言えば，反発されるのが当然です。もし，一律で『学び合い』の授業をすることを決めたとしても，納得していない教師の心を子どもは見透かします。従って，納得していない教師が『学び合い』をやっても，絶対に『学び合い』は成り立ちません。『学び合い』はテクニックではなく，教師の心で行う授業だからです。結果としてうまくいきません。そして，「ほら，『学び合い』はうまくいかないじゃない」と言われると思います。

だから『学び合い』を研修のテーマにすることを勧めません。その代わりに「一人も見捨てない教育の実現」をテーマにして下さい。それこそが『学び合い』の本体なのですから。このテーマだったら，反対する教師はいないはずです。そして，方法は自由とするのです。

しかし，押さえるところがあります。それは「一人も見捨てない教育」というものが何であるかを客観的に評価する基準を設けるのです。そこが曖昧だと，何でもありの無意味な研修・研究となります。

具体的には「テストの点数が80点以下の子どもを０人にする」，かつ，「Ｑ－Ｕテストの満足群以外の子どもを０人にする」というテーマです。もちろんテストは業者テストでも良いですし，他のテストでも結構です。ポイントは，平均値ではなく，最低点を重視するのです。具体的には基準点以下の子どもを０人とすることを目標とします。

『学び合い』以外でも，一部の子どもに特化した指導によって平均値を上げることは出来ます。しかし，最低点の上昇を保障出来るのは，１人の教師ではなくクラス全体でクラス全体を支える『学び合い』以外にはかなり困難なはずです。

そして，その結果から，どのような授業が良いかを職員間で議論すればよいことです。

2 まずはあと２人

「３人の法則」というものがあります。１人，２人では集団の中で潰されますが，３人以上が同じことを求めたとき，それは無視しがたい１つの意見となります。だから，まずはあと２人を見つけて下さい。その人たちが職員室で楽しそうに子どもの成長を語れば，それに興味を持つ人は必ず生まれます。その人たちと一緒に合同『学び合い』を週に１度程度やりましょう。その蓄積の上で，次にねらうとしたら週に１度の全校『学び合い』です。

職員集団が「この学校は人間関係に問題がある」という問題意識を共有している学校であれば，週に１度程度の全校『学び合い』であれば受け入れられるかもしれません。

4 管理者として出来ること

1 パイオニアをつくる

私のところには，様々な校長が相談に来ます。そして，それに成功された方もおられますし，難航された方もおられます。ある学校では成功されたのに，次の学校では難航される場合もあります。逆に，ある学校では難航したのに，次の学校で成功された方もおられます。そのような校長と話し合った経験から言えば，『学び合い』学校が生まれるために決定的なのは校長ではないのです。もちろん校長が推進派であれば望ましいのは当然です。しかし，先に述べたように推進派の校長でも難航するのです。

『学び合い』が学校に広まるために必須な条件は，その学校の職員から一目置かれている中堅・ベテランを含む３人以上の教員が『学び合い』が本物であることを理解し，実践するか否かなのです。

『学び合い』は今までとはかなり異質に見えます。そのため，なかなか信じられないのは当然です。それを打ち破るには，実際の姿で示すしかありません。それは校長には出来ないのです。しかし，若手だけがやっていると，中堅・ベテランの標的になってしまいます。そのため，中堅・ベテランにちゃんと説明出来る人が必要なのです。

では，何が必要でしょうか？まず，自分の学校の職員の中で『学び合い』に相性が良さそうな人を見極めて下さい。『学び合い』が大事にしている，一人も見捨てない，人との関わりが大事，子どもたちは有能である，ということを無意識に実践されている方はおられるはずです。その方に，『学び合い』の本を紹介して下さい。そして，生の『学び合い』を参観する機会を与えて下さい。おそらく『学び合い』における子どもの姿がその先生に伝えてくれるはずです。

その際，是非，「複数」で参観に行かせて下さい。なぜなら，『学び合い』を最初に見た人はそれをどのように理解すべきかに迷います。その際，同じものを見た人が必要なのです。さらに学校に帰って報告しても，周りの人には「宇宙人がいた」と同じように思われる可能性があります。２人で報告する必要があるのです。

2 広げる

校長は，自分の次の校長にどのようにつなげるかという責任もあります。校長は『学び合い』学校をつくることに関しては決定打ではありませんが，『学び合い』学校を潰すことに関しては決定打になります。次の校長が推進派でなくても結構ですが，中立派であってもらえれば職員が結果を出してくれます。

そのためには，学校の学びの姿を宣伝して下さい。あなたと同じような人は地域の校長会でも必ずいます。興味を持ってくれた人は積極的に参観を進めて下さい。その姿で分かってくれる人もいます。それに，他校の校長先生が参観に来てくれた，ということで，子どもたちは頑張った姿を見せてくれます。

見られることによって美しくなるのは女性ばかりではありません，子どもも男性職員も美しくなります。

5 仲間として出来ること

1 結果を出す

積極的に『学び合い』を宣伝すると，おそらく「あやしげな新興宗教にとりつかれた」と思われるのが落ちです。『学び合い』自体ではなく，『学び合い』によって表れた子どもの姿を話して下さい。子どもの成長の話に対しては，多くの教師は好意的に聞いてくれますから。ただし，『学び合い』に拒否感を持つ人に話すのは避けましょう。

宣伝しなくても結果を出せば，そのうち興味を持ってくれる人が必ずいます。職員の中で，拒否感を持つ人はいますがおおよそ２割程度です。その代わり，直ぐに興味を持ってくれる人「も」必ず２割います。そして残りの６割の人は，自分が『学び合い』を強いられなければ，反対も賛成もせずじっと見ている人です。拒否する人に目を奪われず，興味を持ってくれる人を見出しましょう。

出すべき結果としては，まずは成績でしょう。そして，今まで手のかかった子が変わった姿だと思います。そして，最低限，もう１人の理解者を見つけましょう。その人と一緒に合同の『学び合い』をします。そして，職員室で，そこでの子どもの姿の話をちょいと大きめな声で話します。

そして勤務時間が終わったら同時に帰宅する姿を見せましょう。そこまで行かなくても，『学び合い』によって様々な余裕が生まれているはずです。それによるあなたの変化の姿を見せましょう。

2 年休（出張）

同僚が年休（出張）で学級を離れるときに，「大丈夫。俺が授業を進めとくよ！」と言って，異学年『学び合い』をやらせてもらうという作戦は強力です。『学び合い』をやってしまえば，子どもたちのほうはすぐに順応できるはず（一斉授業より楽しいはず）。つまり，その教師が気づかないうちに，子どものほうを変えてしまうのです。

その授業での子どもの様子を，出張から帰ってきた同僚に話します（ビデオで撮って，見てもらうとなお説得力がありますね）。当然，子どもからもその同僚に「先生，○年生と一緒にやった算数楽しかったよ！」と，翌日報告があるでしょう。子どものほうが「出来る！」「楽しい！」と思えれば，その担任も「やれそうならばやってみようかな」と思えると思います。

あなたが中学校，高等学校の教師であるならば，あなたの担任しているクラスであれば，あなたが前に立った瞬間に子どもたちは『学び合い』モードになるはずです。課題は同僚がつくった課題プリントで十分です。ただ，「今日は『学び合い』でやる。全員がプリントを達成すること」とすればいいのです。そして，その様子を語って下さい。

そのような積み上げの中で，「私のクラスでも出来るかも」と思ってくれるかもしれません。そうしたら，ちょいと広めの教室でイベントでもいいですから合同の『学び合い』を実践して下さい。あなたが前に立っているならば，子どもは『学び合い』モードになっています。そこで同僚に，声がけのポイント，子ども集団のどこに着目すべきかということを伝えて下さい。それを通して，『学び合い』で教師が何もしていないわけではないことを伝えて下さい。

6 選民意識

1 A君

私は筑波大学第二学群生物学類に入学しました。同級生は80人です。その中に非常に変わった人がいます。Ａ君としましょう。Ａ君は，私の学生宿舎の部屋の隣の隣です。ところが，彼を宿舎で見かけることは殆どありません。Ａ君は授業で見かけることは希ですし，いても目立ちません。何しろ「Ａ君としゃべった」ということが，同級生の中でホットな話題となりました。我々はＡ君は人と話すことが好きじゃない人なんだな〜っと思っていました。ところが，「Ａ君が，知らない数人と話していた。それも笑いながら！」という驚愕のニュースが同級生の中で流れました。みんなは信じられませんでした。

しばらくして，Ａ君はある宗教団体に属していること，そして，その宗教団体の人とは話す，ということを知りました。そして，それによって，その宗教団体のことをカルト的に捉え，非常に嫌な印象を持ちました。その宗教団体にかぶれるとＡ君みたいになる，と思うようになったのです。そして，Ａ君は途中で退学しました。同級生との関係を絶って卒業出来るほど大学は甘くはありません。Ａ君も同級生との関係を絶って卒業出来るほどの能力はありませんでした。

他山の石です。『学び合い』を知れば，多くの教師が「良し」としているものを全く別な視点で見ることになります。多くの教師が見逃している「アラ」がよく見えてしまうのです。私は『学び合い』が従来型に比べて圧倒的に優れていると思います。従来型と「いいとこ取り」のようなことが出来るような差ではなく，圧倒的に優れていると思います。しかし，それは従来型と『学び合い』の比較です。従来型の授業をしている人と『学び合い』の授業をしている人の比較ではありません。圧倒的大多数の教師は善意の人です。変な選民意識を持ってしまえば，Ａ君のような行動になります。そして，Ａ君のような行動をすれば，『学び合い』がカルトのように思われてしまいます。それは本人にも『学び合い』にも不幸です。

2 普通のつきあい

職場の人は基本的には，あなたがどのようなやり方で授業しているかで，あなたを判断しないと思います。あなたもしないでしょ？では，同僚を何で判断するでしょうか？それは職員室での行動で判断していると思います。では，どのような行動をしたらいいでしょうか？

まずは挨拶です。挨拶をちゃんとしましょう。そして，何かしてもらったら，ちゃんと感謝しましょう。

雑談をしましょう。たわいもない，ごく短い会話で十分です。それだけで，あなたが普通の人だと分かってくれます。

分からないことがあったら聞きましょう。ホモサピエンスはもともと教えたいという欲求を持っている生物です。我々教師は，その特徴が顕著な人種です。聞かれれば嬉しいし，教えれば楽しいのです。あなたがその人を高く評価しており，頼っていることが分かります。

出来ることがあったら，積極的にやりましょう。人には得手不得手があります。あなたの得手を積極的に売り込みましょう。

そして心優しい同僚は，何かと教えてくれると思います。その中には，あなたが違うと思うようなことも含まれると思います。しかし，じっくり聞きましょう。そして質問はしましょう。でも，否定はしないようにしましょう。

例えば，『学び合い』の問題点を指摘されたら，「では従来の授業でそれを解決するにはどうしたらいいのか？」を聞くのはＯＫです。「従来の授業では，それは無理だ」ということをあなたが論証するのはアウトです。そして，白黒をつけずに，先送りすればいいのです。結局，あなたが白黒つけなくても，結果が出ますから。

人とのつきあいで，どうしても譲れない対立点はあるものです。しかし，それをとことんまで突き詰めて白黒つけるのは生産的ではありません。むしろ，考えを同じくするところを見つけ，それを一緒に成し遂げることにエネルギーを費やしましょう。そして，対立点は先送りすればいいのです。全てではないですが，大部分の対立点は，時間がたつと「その対立点より別な対立点のほうが重要になり，その対立点はどうでも良くなる」か「その対立点が対立点となった前提条件が変わって対立点でなくなる」ことは多くあります。

領土問題などの外交問題では上記をよくやっていますよ。それをとことんまで意地を張れば戦争になります。

3 身内攻撃

自分の実践に自信があり，それなのに周りから理解されない状態が続くと最初は周りが悪いと考えます。しかし，それが続くと攻撃の方向が変わり，『学び合い』が悪いんだ，『学び合い』をやっている人が悪いんだということになることが希にあります。

『学び合い』を分かってくれない人が悪いのだと考えるのも，『学び合い』をやっている人が悪いのだと考えるのも，実は基本的に同じ考えなのです。いずれも，自分が悪いとは考えていないのです。しかし，『学び合い』を分かってもらえるか否かは，自分の普段の行動，そしてその行動を引き起こす考え方によって決まります。

先に述べたように，今の段階で『学び合い』を全ての人に分かってもらえることは無理だと思います。しかし，「『学び合い』は変」と思っている人にも，「でも，あなたは好き」と思ってもらえることは出来ます。『学び合い』が変でも，あなたを信じてもらうことの障害にはなりません。

我々は人を変えることは出来なくとも，自分を変えることは出来ます。周りを否定するより，自分を問い直すほうが生産的だと思います。もし「『学び合い』は嫌，でも，あなたが好き」が成り立っていれば，問題の先送りが出来ます。

あなたが周りの人に何かを強いないのであれば，あなたが何を実践したとしても，結果さえ出している限り，それを続けることは認めてもらえると思います。その中で結果を出し続ければいいのです。もちろん，その結果を認めたくない人は色々なことを言って認めようとはしないでしょう。でも，結果を出しているならば，その人もあからさまな否定はしないでしょう。そして，結果を出し続けていれば，それに気づく人は少なくありません。そして，そのうちに「ねえ，『学び合い』って何？」と聞きに来る人が出てきます。時間がかかります。でも，最長で２年以内のことです。

カリキュラム・マネジメント

COLUMN

見分け方

私は多くの学校で『学び合い』の手ほどきをしてきました。その経験から，「あ，この先生は直ぐに『学び合い』にはまるな」ということが分かります。逆に，「この先生は，なかなかやらないだろうな」ということが分かります。もちろんはずれもありますが，正解率はかなり高率だと思います。

従来型の授業を見ていると，時々，子どもの突っ込みがあり，それによって教室に笑いが起こります。その中で，先生がニコニコしながら授業をしている先生は「はまるな」と思います。

逆に，先生が怖そうで，教室の中がシーンとなって授業が進むような先生は「時間がかかるな」と思います。同様に，話がうまく，子どもたちはあたかもジェットコースターに乗っているかのように，子どもたちを思った通りに授業に乗せることが出来る先生も「時間がかかるな」と思います。

両者の違いは，子どもを信じているか，否かなのです。後者の先生は「強権」と「話術」と違いますが，両方とも徹頭徹尾教師の計画通りに進ませようとしています。なぜなら，子どもを自由にしたら制御できなくなると思っているからです。それに対して，前者の先生は子どもを信じているし，同時に，自分を信じているので子どもを自由にすることが出来ます。

こんな視点で職員室を見回せば，最初に話に乗ってくれる人を見つけることが出来ると思います。

第7章

全校『学び合い』の方法 スムースな導入ステップ

『学び合い』の基本的ノウハウを使えば，すぐに全校『学び合い』は導入出来ます。『学び合
い』は思い立てば，今日からでも始められます。
ただ，この学習のスタイルは教師にも子どもにも新しいものです。教師にとってはバンジー
ジャンプのように思える人もいるでしょう！教師集団全員がいきなり全面的にやるというのに
躊躇するのは当然です。
そのため，よりスムースに導入出来るステップを本書にまとめました。
無理のない方法で徐々にトライしましょう。
とりあえず，まず，やってみましょう！
なお，本書だけでも全校『学び合い』は出来るようになっていますが，課題のつくり方，声
かけの仕方は前著（『クラスが元気になる！『学び合い』スタートブック』，『クラスがうまく
いく！『学び合い』ステップアップ』（共に学陽書房））を参照下さい。
以降では，全校『学び合い』に特化したノウハウを主に書きたいと思います。

1 全校『学び合い』は簡単

1 異学年活動

今までに縦割り活動や総合学習で異学年の活動をさせた先生が大部分だと思います。おそらく，ものすごく大変だったという記憶があるのではないでしょうか？そのため全校『学び合い』は大変ではないかと思うかもしれません。しかし，全校『学び合い』のほうが，単学級の『学び合い』より圧倒的に簡単で確実です。え？っと思われたのではないでしょうか？しかし，事実です。

今までの異学年学習は，異なった学年が取り組める課題を考えなければなりません。しかし，『学び合い』の場合は各々の学年やクラスが各々の課題をやればいいので，その苦労はいりません。

もし，１人の教師が集団をコントロールしようとする場合，集団が均質で少数のほうが楽になります。現在，少人数教育が盛んなのは，これが理由です。しかし，集団が集団として自律的になるには，集団が多様で多数のほうが楽になります。例えば職員室を思い浮かべて下さい。ベテランだけの学校，若手だけの学校はうまく機能するでしょうか？機能しませんよね。若手・中堅・ベテランのバランスがある学校のほうが機能するでしょう。また，人の相性はいかんともしがたいものです。人数が少なければ，ウマの合わない人と常に一緒に仕事をしなければなりません。これは大変ですよね。

先に述べたように，異学年のほうが人間関係を結びやすいのです。特に「あの子はひとりぼっちになるのでは」，「あの子は暴力を振るうのではないかしら」と心配になる子は，全校『学び合い』では問題を起こさない可能性が高まります。

『学び合い』が分かった人であれば，多数の子どももコントロールすることが出来ます。100人を超える部員を動かすことの出来る監督のようなものです。『学び合い』は教師集団が一緒にやることが出来ます。そのため，相対的に『学び合い』が分かった人が１人いれば，その人が中心になって動かせれば数百人の子どももコントロールすることが出来ます。そして，周りの教師はその姿から学ぶことが出来るのです。

2　全校『学び合い』から始めるのもアリ

以上のように，全校『学び合い』のほうが，単学級の『学び合い』より圧倒的に簡単で確実です。しかし，多くの学校では誰かが単学級の『学び合い』を実践して，『学び合い』が本物であることを確認してから全校『学び合い』を学校に導入するというのが多いと思います。

しかし，学校長が学校の方針で学校に『学び合い』を導入する場合は，全校『学び合い』からという順序もあります。理由は先に述べたように全校『学び合い』のほうが単学級の『学び合い』より圧倒的に簡単で確実だからです。

全校『学び合い』を数回やれば，『学び合い』が本物であることが分かると思います。そして，単学級『学び合い』も全校『学び合い』も必要とされる課題のつくり方や，声がけの仕方などは全く同じです。事実，全校『学び合い』から『学び合い』に入った学校や人は少なくありません。

2 準備

1 いつやるか

基本的には全校『学び合い』はいつでも実施出来ます。しかし，単学級での『学び合い』を実践したことがない先生が多い場合は，最初はテスト直前近くが良いと思います。義務教育の場合，２校時目と３校時目の間に比較的長い休み時間を入れている学校が多いと思います。その場合は，２校時目が良いと思います。長休みにその日の全校『学び合い』を先生方で振り返る時間を設けることが出来るからです。

テスト直前であれば，課題はテスト直前のプレテストを用意して下さい。『学び合い』実践をしたことのない先生でも，一斉指導で教えた後のまとめに『学び合い』をすることには抵抗感が少ないと思います。

ただ，課題の量は教師が問題を解いて10分程度が目安です。なお，文字を書く時間を多く取らねばならない小学校低学年の場合は，教師が解いて７分程度が目安となります。

2 誰とやるか

全校『学び合い』をやろう，と基本的な方針が定まっても，「私の学年は『学び合い』は無理」という学年が生まれると思います。典型的なのは，小学校１年生と中学校３年生です。小学校１年生は学習規律が崩れるのではないかと不安になります。しかし，『学び合い』をするほうが学習規律は高まります。なぜなら，今までの学習規律は教師一人が強いていました。従って，教師の目の届かないところでは学習規律が崩れます。しかし，『学び合い』を実践すれば，クラスの２割程度の子どもが，学習規律は課題全員達成には必要であることを理解するので，その子たち「も」教師と同じ視点で注意するからです。

実は，小学校1年生が小中高の全ての学年の中で一番『学び合い』を導入しやすい学年です。理由は，今までの色々なアカに染まっていないので，直ぐに『学び合い』を受け入れられます。

『学び合い』は人間関係づくりに役立つということは比較的分かりやすいと思います。しかし，学力向上に有効だということは，なかなか理解しがたいと思います。受験を控えた中学3年や高校3年の先生が躊躇するのは当然です。

しかし，人間関係づくりのエクササイズだと説明して理解を求めて下さい。結局，定常的な『学び合い』の先生が生まれて，その先生が，『学び合い』で成績が上がることを事実として示さない限りなかなか分かってもらえないと思います。

何度も書きましたが，ものすごく大事なポイントがあります。『学び合い』をしたくない先生に『学び合い』を強いないで下さい。とりあえず，やろうという先生が中心になって始め，事実で証明しましょう。

とりあえずやろうという先生が中心になって合同『学び合い』をすれば，素晴らしい姿をいっぱい見ることが出来ます。例えば，単学級ではどうしようもなかった子が，なぜか曲がりなりにも勉強するなどの姿を見ることが出来ます。その日の発見を職員室で「ちょっと大きめ」に語りましょう。おそらく意識しなくても，ビックリした感情が表れて大きめの発言になると思います。周りの教師はそれを聞いています。そのうち，近づいてきて話の輪の中に入る教師も生まれるはずです。

3 場所，書籍

場所は，体育館が一番簡単だと思います。しかし，冬期になった場合は暖房の効く少し大きめの部屋を用意して下さい。なお，画板を与えて校庭で国語や社会の勉強をするのは可能です。
『学び合い』では子どもが答え合わせをします。課題の答えを書いた紙を用意し，前に置いておきましょう。また，教師が参考にするような本を用意して下さい。例えば，教科書を課題にする場合，与えた課題の答えが書いてある教師用指導書は絶対に用意して下さい。

4 最初の語り

いきなり全校教科活動をやると子どもたちに混乱が生じます。なぜやるのか，何を求めているかを話さなければなりません。先生方のお１人が語る内容を用意して下さい。注意点は，全ての子どもに分かる語りをしようと思わないで下さい。そんなことをすればダラダラと長い語りになり，子どもは混乱したり，だれたりしてしまいます。そして，どんな語りをしても全員に理解させるのは無理です。一方，どんなに高度なことを話しても理解できる子は集団の中に２割います。小学校１年生の中にも，そのような子はいます。

しかし，絶対に押さえてほしいのは「一人も見捨てない」ということです。一人を見捨てる集団は，２人目も見捨てます，３人目も見捨てます……。絶対に全校みんなが課題を達成することを求めて下さい。いずれにせよ５分以内で語って下さい。

この最初の語りは，先生方が交代で語って下さい。子どもに語っているのですが，実は，自分に語っているのです。語りながら，一人一人の先生が変わっていきます。

5 ネームプレート

両面の色が異なるマグネットシートの両面に，子どもたちの名前を書いて下さい。

これを見ることによって，どの学年の誰がまだ課題が出来ないかが分かります。また，写真のように各クラスの課題が分かれば，何を教えるかが分かります。

全校『学び合い』をすれば，異なった学年の名票を見る子が生まれると思います。他の学年の子どもを気遣っている証拠です。そのことを褒めて下さい。

3 最初の日

1 子どもたちの登場と最初の語り

子どもたちへ「勝手に好きなところに座っていいよ」と伝えます。子どもたちは学年を混在させ，思い思いの場所に座ります。黒板には，その日の課題とネームプレート（もしくは名簿のコピー）を貼ります。

最初の語りは失敗しても結構です。しかし教師集団の意気込みは伝えて下さい。「絶対に一人も見捨ててはいけない」ことを強調して語って下さい。

次に，自分が出来たら，ネームプレート（表裏の色が違う）を裏返す（もしくは名票に○を書く）ことを求めて下さい。これによって，学年を越えて誰が出来て，誰が出来ないかが分かることを語って下さい。

さらに，どこで，誰とでも勉強してもいいこと，答え（教師用指導書を置くだけで結構です）は教卓の上に置いてあり自分で丸つけをすることを伝えて下さい。そして，最後の集合時間を伝えて下さい。

2 開始

「さあどうぞ」と言って子どもたちに任せて下さい。おそらく，子どもたちは，最初はどうしていいか戸惑うかもしれません。そしてじっとしているかもしれません。しかし，それが彼らの本当の姿ではないことは，休み時間の様子を知っている皆さんはご存じなはずです。彼らは，本当に自分たちに任されているのか，皆さんの心構えを探っているのです。これを突き崩し，活発な『学び合い』が生じるためには，声がけ，価値づけが必要です。

基本的に人と人とのつながりをつけるきっかけとなる声がけをします。例えば,「ほ～，凄いな」,「みんなが手こずっている４番はそうすれば解けるのか～」などと少し大きめのひとり言を言って下さい。あなたがその場を離れれば，周りの子が集まり始めます。ありがちな,「ちょっと手を休めて，今，○○さんがとても良い気づきをしたので，みんなの前で発表してもらいます」というように特定の子どもの話を聞くことを強いてはいけません。

また，出来なくて困っている子どもがいたとき,「ふ～ん，難しくて前に進めないか～。それがもう出来ている子はいるんだけどな～」と少し大きめのひとり言を言って下さい。ありがちな「○○さん，○○さんのところに聞きに行きなさい」という指示はしてはいけません。出来ない子は聞きに行くことを嫌がります。それをするとバカにされると思っているからです。ですので，出来る子がその子に近づき，優しく教えることが最初です。その積み上げによって「分からない」ということを明らかにしてもバカにされないことを理解するのです。なお，ありがちな「○○さん，○○さんを教えて」という指示はしてはいけません。教師のつなげた子ども同士の相性がいいかは分からないのです。それが分かるのは当人同士です。教師は関わるきっかけを与えることはしますが，誰と誰が，いつ関わるかは子どもたちが判断するのです。

「全員達成をするためによくよく考えている姿」を褒めて下さい。例えば以下のような行動です。

〇最後の最後まで「分からないから教えて」と食らいついている姿。

〇本当に分かっているかを確認するため「じゃあ，数字を変えてみるから解いてみなよ」，「図で描くとどうなるの？」などを聞いている姿。

〇「あと何分だよ～」と時間を意識している姿。

〇「まだ，〇〇さんが出来ていないよ」と言ったり，名簿で出来ていない人を確認したりしている姿。

〇「〇〇さん，頑張ろうよ」と集中力が切れた子に言う姿。

〇早く周りの子をサポートするために，予習をしている子ども。

つまり，全員達成をするためによくよく考えている姿を褒めて下さい。

課題を解いているとき，素晴らしい気づきがあっても，それを褒めるのではなく，それを周りに広げたり，逆にそれを見出すために色々な人を見回したりしている姿を褒めて下さい。「その子」の素晴らしい気づきを褒めると，出来る子どもは教師に褒められるような気づきを発見しようとし，周りとの関わりがおろそかになります。

ただし，授業中は詳しく褒めることは避けて下さい。近づいて「いいな～」，「優しいな～」，「凄いな～」程度の短い言葉で褒めてあげて下さい。その際，その子以外の子にも聞こえる程度にちょっと大きめの声で褒めて下さい。なお，具体的に声を出さなくても結構です。子どもたちの素晴らしい姿を見たとき自然に現れる微笑みが，褒めていることなのです。そして，互いに気づいたことを教師同士で立ち話をして下さい。互いに子どもを見取る力量を高めることが出来ます。そして，先生方が喜んで話し合っている姿が子どもたちを元気づけます。

「怪我」や「重大な人権侵害」につながること以外のことに関しては，その場で叱らないで下さい。おそらく叱っても聞くような子どもではないと思います。叱っても，２分もたたずに同じようなことをします。そういう子どもは教師に叱られても何とも思いません。そして，どうせ教師の目からは逃れることが出来ると思っています。しかし，そういう子どもは教師に嫌われても生きられるが，仲間から嫌われたら生きられないことを知っています。そして，教師の目をごまかすことは出来ても，仲間の目をごまかすことは出来ないことを知っています。だから，遠回りのように見えるかもしれませんが，その子に「やろうよ」と声をかける集団をつくらねばなりません。教師がその子を叱っている限りは，周りの子どもは「その子が悪い」と思い，「その子」の問題と考えます。しかし，それでは改善の道はありません。「その子」をそのままにしているのは見捨てていることであることを語って下さい。「その子」は変わらなくても，周りの子どもは変わる可能性は高いと思いませんか？

なお，子どもが「先生出来たよ」と自慢しに来た場合は，「そう，偉いね。でも，今日の課題は何？全員が出来ることだよ。どうしたらいいかな？」と問いかけて下さい。先に述べたように「自分が出来たこと」だけを褒めてしまうと，出来る子は自分が出来ることだけを求め始め，周りとの関わりがおろそかになってしまいます。

希に，子どもが課題を誤解して，間違った方向で問題を解く場合があります。その場合は，同じクラスの子どもを調べて下さい。もし，課題を正しく理解している子がいたら，間違っている子の近くに寄って「あれ〜？変な方向に進んでいるな〜。課題をちゃんと読んでみれば分かるんだけどな〜」とちょっと大きめの声で語って下さい。一方，間違っていない子の近くに寄って「そうだよな〜。問題○は，こんなふうに解くべきだよな〜。ちゃんと課題に書いているんだけどな〜」とちょっと大きめの声で語って下さい。

教師が「これはこのように解かねばならないよ」と注意すれば楽かもしれません。しかし，それでは子ども集団が成長しません。教師は自分がつながるのではなく，子どもと子どもをつなげるきっかけを与えることに集中して下さい。ただし，誰とつながるかは子どもたちが決めなければなりません。教師が良かれと思って「あの子に教えて」とか「あの子に教えてもらいなさい」と言っても，相性が良いかどうかは教師には分かりません。あくまでも間違っていることを示唆し，どこに有効な情報があるかを示唆するに留めて下さい。そして，子どもがつながったら教える側も教えられる側も「同等」に褒めて下さい。

もし，同じクラスの子が全員，間違った方向で解いていたとしたら，それは教師の課題が言葉足らずであることを意味します。その場合は，黒板に貼った課題に加筆をするのです。例えば「説明の方法は２つ以上」，「図を使って」などを黒板にチョークで加筆します。もしくは，別のページの問題を解いている場合は，「教科書〇ページ」，「奇数番の問題」を加筆したり，アンダーラインを書いたりして下さい。そして，「説明が足りなかったみたいです。〇年生は黒板をちゃんと見てね」と少し大きめの声でつぶやいて下さい。そうすれば何人かは気づいて直します。そうしたら，先と同様に間違っている子の近くに寄って「あれ～？まだ変な方向に進んでいるな～。課題をちゃんと読んでみれば分かるんだけどな～」とちょっと大きめの声で語って下さい。一方，間違っていない子の近くに寄って「そうだよな～。問題〇は，こんなふうに解くべきだよな～。ちゃんと課題に書いているんだけどな～」とちょっと大きめの声で語って下さい。

さらに，先に述べたように解答を公開し，子どもが丸つけ出来るようにすれば，子どもは答えを見れば自分が間違っていることに気づきます。そこで，初めて教師の言葉の意味を理解し，間違っていない子に聞きに行きます。まどろっこしいかもしれません。直接注意したほうが早いように感じるかもしれません。そして，その日の課題が出来るということに限定すれば，そのほうが正しいのかもしれません。しかし，上記のようにすることによって自主的な子ども集団を育てることが出来ます。それが中学校に行っても潰れない集団なのです。それは，その日の課題が出来るか否かに比べて重要だと思います。

3 まとめ

授業の最後にまとめて下さい。ただし，今までのように数人を指名し答えを確認するようなことはしません。先に述べたような「全員達成をするために頭を使っているか？」を確認して下さい。注意してほしいのは，教師がそれを確認するより，子ども同士が確認することが大事です。なぜならば，「全員達成をするために頭を使う」ようになるためには，子ども同士が影響し合わなければならないからです。この際には，授業中の声がけとは違って，それが全校全体にとってどのような意味があるかを詳しく説明して下さい。ただし，長くても５分以内にまとめて下さい。

最初に，課題を「全員」達成したか否かを確認して下さい。次に，以下のように語り，同様に挙手をさせて下さい。

「自分の課題が達成できて，かつ，全員が課題達成するために全力を尽くした人は手を挙げて下さい。具体的には，分からないとき「教えて」と言えたり，逆に，「分からない人はいませんか」と分からない人を探せたりした人。そして，本当に分かるために最後まで聞いて，最後まで教えられた人は手を挙げて下さい」など。

次に，「手を挙げている人は立ちましょう。さて，周りを見回しましょう。どうしてみんなが立てなかったか考えてみましょう。そして，今座っている人は，なぜ，自分が立てなかったかを考えましょう。次回は全員が達成できることを楽しみにしています」などです。おそらく，多くの子どもたちは今まで自分が出来ていれば，また，周りの数人に教えていれば褒められていたと思います。しかし，この語りを通して，教師が求める「全員」とは本当に全員であることが子どもに分かるのです。

注意ですが，多くの教師は「教える人＝偉い人」という枠組みで理解しがちです。そうすると教えている人だけを評価します。しかし，「教えてと聞けた人」も同様に，全員達成するために努力している人なのです。そしてそう語ることによって，教える側の子どもが，教えることは価値あることを学びます。結果として，分からないことをバカにしなくなります。そうすれば，「最初は分からなくてもいいんだよ。最後に分かれば」というような声がけを分からない子に語るようになります。その積み上げによって，分からない子が「分からないから教えて」と言ったり，積極的に教えてもらいに立ち歩きをするようになるのです。

職員室を思い浮かべて下さい。何でもかんでも出来る教師が有能な教師ではありません。大事なのは，出来ないことを同僚に自然に言えること，そして，同僚から助力を得られることだと思います。それを子どもたちは，この活動を通して学んでいるのです。

4 2回目以降のポイント

1 基本的な流れ

基本的な流れとやることは全く同じで結構です。ただ，最初の語りは極めて簡略で結構です。前回のまとめで述べた課題を述べ，全員が課題を達成するように語って下さい。この最初の語りとまとめは先生方で輪番にすると良いと思います。

ただ，子どもたちがだれているなと思われたなら，最初の語りに準じた語りをして下さい。また，クラスでも語って下さい。ただし，あまり頻繁にやりすぎないで下さい。説教しすぎると全体が暗くなります。1つしっかり説教するには，10倍，100倍褒めなければなりません。おそらく，遊んでいる子，分かっていないのにそのままにしている子など，気になる子が気になって気になってしょうがないと思います。しかし，その子に何を言っても無駄だと思います。歴代の担任が口を酸っぱくして説教しても変わらないのですから。

2 褒めましょう

先生方から見て，あれが駄目，これが駄目，と駄目出しししたいことは少なくありません。しかし，目を転じれば教師が語ったことに応えてくれる子はいます。その子たちを褒めましょう。価値づけましょう。そうすれば，その子たちが，教師が手を焼く子を変えてくれます。教師が手を焼く子どもは教師からどう思われるかは気にしません。しかし，同じ子どもとはつながりたいと願っています。彼らを変えられるとしたら子どもたちなのです。

最後のまとめですが，挙手以外にネームプレートを活用する方法もあります。「ネームプレートの色が全部変わっているか？」ということに注目させれば，全員達成が出来たか否かが分かります。

3 2回目以降のポイント

２回目以降に心がけてほしいことがあります。

声がけ一つで子どもはどんどん変化します。しかし，どのように声がけすれば子どもが動くかというのを上記で例示しましたが，それはテクニックに過ぎません。本当は，そのような声がけがなくても子どもたちが動く集団をつくることが大事です。なぜなら，この学習活動で生み出したいのは，中学校になっても互いに支え合う集団なのです。当然，中学校には皆さんはいません。「一人も見捨てるな」それが子どもたちの中に内在化しなければなりません。そのためには，「一人も見捨てるな」は道徳の「徳」ではなく，損得の「得」であることを，この学習活動以外においても折に触れて語って下さい。

安易に仲間を見捨てる集団は結局，誰もが損をすることを語って下さい。もちろん，そのためには，教師自身がそれを確信しなければなりません。学び合うことによって得をするのは教えてもらう側だけではないのです。教える側も，教えることによってよく分かるようになります。何よりもより良い関係を築けば気持ちがいいし，勉強にも集中出来ます。

5 役割を強いないで下さい

1 お兄さんたれ，妹たれ

今までの学年縦割り活動の場合，上級生には「下級生に教えるのよ」と求め，下級生には「上級生に聞きなさい」と求めていたと思います。しかし，それは絶対に言わないで下さい。それを求めると下級生は上級生に頼りっぱなしになりますし，上級生は教えるばかりになり自分の勉強が出来ません。結果として，上級生に負担感がつのり，イライラし，下級生に辛く当たる場合があります（集団登下校のいざこざは，ここに原因があります）。この活動では，学年に関係なく全員に対して「一人残らず課題を達成すること」を求めて下さい。

特段，教師が役割を強いなくても上級生は上級生の動きをします。が，役割を強いなければ，自分が忙しい場合は手を抜くことが出来るのです。それだから続けられます。役割を強いられれば，自分の仕事を犠牲にして下級生の世話をしなければなりません。そうなれば，イライラするのは当然です。

しかしそれでも，「自分たちの勉強が出来ない」と上級生が担任に訴える場合があります。その原因は，下級生の担任が，上級生にお世話係を期待しているからです。そのため「上級生に教えてもらうのよ」と直接言わなくても，上級生に聞いている姿を褒める一方，自分たちで解決する姿を褒めるのが殆どありません。この場合は，全体に向かって「この活動は全員が出来ることを求めています。当然，自分が課題達成しなければなりません。従って，自分の課題達成で手一杯のときは，『ちょっと待ってね』ということは意地悪ではありません」などを語って下さい。なお，同様な注意は特別な支援を必要な子どもがいる場合にも当てはまります。

2 縦割り班

掃除などの縦割り活動をしている学校の場合，縦割り班を設けています。そのような班があると，全校『学び合い』のとき，その班でグループをつくってしまいます。しかし，基本的にそれは避けて下さい。『学び合い』におけるグループは常に，その日，その時間にベストな相手を，当人が自分の頭を使って選び，折り合いをつけるのです。

もし縦割り班を利用すれば，そのような頭を使うことはしません。折り合いをつける必要も少なくなります。それでは本当に学ぶべきものを学ぶ機会を子どもたちから奪ってしまいます。

さらに，縦割り班を利用すれば，教師が言わず語らずとも「お兄さんたれ，妹たれ」という役割を強いることになります。

今までの授業では，教師一人が「良かれと思う方法」を子どもに課します。しかし，『学び合い』ではそれは子どもたち一人一人が考えるべきだし，子どもたちしかそれは出来ないと考えています。では，教師は何をすべきかと言えば，頭を使うべきだと子どもたちに納得させることなのです。具体的には，なぜ異学年で『学び合い』をするのかをちゃんと語って下さい。おそらく各学年の２割は理解します（小学校１年もです)。もし，それを納得させることが出来たならば，子どもたちが学年をばらけて自主的にグループをつくります。

どんな学習も子どもたちが，その必然性を理解していなければ全ては無駄になってしまいます。

3 学年構成

我々は，様々な学年構成にしたとき小学校の子どもたちの話し合いがどうなるかを調べました。その結果，１つの学年で構成した場合は，それが２年生であろうと，５年生であろうと，学年には関係なく，特定の人だけが話をリードする話し合いになることが分かりました。同じ学年で集団を構成すると，最初はワイワイと仲が良いのですが，意見の対立が起こるとどちらも引っ込みません。しかし，結果としてニワトリのつつき合いの序列が形成されると，下位の人は話し合いには参加しません。「どうぞ，ご勝手に」というスタンスです。

ところが，２学年で集団が構成されると，話し合いの様子ががらりと変わります。これまた，２学年のそれぞれがどの学年とどの学年で構成されているかは重要ではなく，２つの学年で集団が構成されると，同じ話し合いになります。このような集団の場合，上学年の子どもが，下学年の話を殆ど無視してどんどん進めてしまいます。ガンガンにやる子の場合は，「いいんだよ，とにかくこうするんだ！」と言い切り，下の学年は黙ります。優しい上学年の場合は，下学年の意見を「ふ～，そう，そうなのね」と聞くポーズはしますが，「でもね……」と自分の意見を押し通します。結果として，下学年は抑圧されていると感じ，交流を避けるようになります。上学年は，何で下学年のお世話係をしなければならないのか不満に思います。

ところが，３学年以上で集団が構成されると，話し合いの様子ががらりと変わります。これまた，３学年のそれぞれがどの学年とどの学年で構成されているかは重要ではなく，３つ以上の学年で集団が構成されると，同じ話し合いになります。このような集団の場合，上学年は殆ど発言しません。話し合いは中学年と下学年が進めます。中学年は上学年がいるので断定的に下学年と話し合いません。下学年に抑圧的ではないので，自由に意見が言えます。その中学年と下学年の話し合いの途中で，合間合間に「ね，これでいいんだよね」と上学年に確認をします。それに対して，ご隠居さんのように鷹揚に「それでいいと思うよ」と応えるのです。

異学年で『学び合い』をする際，どの学年で構成するかは重要ではありません。３学年以上で構成するか否かが重要になります。もし，諸般の事情で２学年で実施する場合は，「全員が課題達成することが目的です。従って，自分も出来なければなりません。そのため，教えていることに時間を取られて，自分が出来なければ本末転倒です」ということを強調して下さい。

4 逆転現象

先に述べたように，異学年学習が健全に進めば，上級生が下級生に教えてもらうことが起こってきます。社会や理科などでは，そのことが大好きで教師並みの知識を持っている子どももいます。

系統性の高い算数・数学でも逆転現象は起こります。日本のカリキュラムはスパイラル構造をしています。つまり，ある学年であることを学び，次の学年でそのことを発展させるという周期があります。上級生が分からない原因が，その基礎を本当に理解していない場合，下級生のほうがつい最近学んでいる場合はフレッシュに教えることが出来ます。

このような逆転現象が起こった場合，教えている下級生を褒めるばかりではなく，教えてもらっている上級生を褒めましょう。インターネットが不得意なベテラン教師にとって，得意な若手に聞けることが重要です。子どもも同じです。

6 役割を強いると

1 仕事の分離

日本中の圧倒的大多数の異学年学習は，お兄さん・お姉さんたれ，妹・弟たれと役割を強いています。さらに班を固定化しています。そうなると何が起こるでしょうか？

１ヶ月ぐらいは問題なく過ごすことが出来ます。しかし，それを過ぎるあたりから問題が起こり始めます。集団登下校で問題が起こるのはそれぐらいではないでしょうか？また，子どもたちの何人かから「先生，席替え（班替え）はそろそろしないの？」という声が出る頃です。

役割を強いて班を固定化すると，上級生のリーダーが何とかしようと苦労します。下級生の失敗を上級生のリーダーがフォローします。１ヶ月ぐらいは我慢できるのですが，それ以上になってくると「何で俺だけが苦労するんだ」という気持ちがわいてきます。そうなると下級生に対しての言葉がきつくなり始めます。時には大声で叱ったり，手を上げることも起こるのです。

次の段階になると，「仕事の分離」が起こります。つまり，「私たちはこれをやるから，あなたたちはこれをやって」と言い，失敗してもどうでもいいことを下級生にやらせます。そして，その課題の本体の部分には下級生は関わらせようとしません。そして，下級生が何を提案しても聞く耳を持ちません。

結果として，上級生は「負担感」を持ち，下級生は「疎外感・圧迫感」を感じます。

2 手を抜ける

『学び合い』では役割を強いませんし，班を固定化しません。結果として上級生も疲れたときは手を抜けるのです。班は固定化していないので，１人の上級生が手を抜いても，別な上級生が手をさしのべることが出来るのです。

想像して下さい。あなたの学校に新採の先生が入ってきたとします。そしてあなたと同じ学年に配属されたとします。初めてのことで戸惑うことも多く，失敗も少なくありません。そこで校長があなたを呼んで，同じ学年だからその先生の世話をするように求めたとします。元よりあなた自身も仕事は山ほどあります。しばらくすると「何で私だけが」という気持ちが起こるでしょう。若い先生の失敗にきついことを言ってしまうかもしれません。

どうすればいいでしょうか？支え合う職員室があればいいのです。おそらく校長から何も言わなくても，同じ学年の若い先生をサポートするでしょう。でも，本当に忙しいときはサポート出来ません。でも，同じ学年，同じ教科の別な先生や，別な学年，別な教科の先生がサポートするので安心して自分の仕事に専念することが出来ます。

だから続けることが出来るのです。子どもも同じです。だから『学び合い』では役割を強いませんし，班を固定化しません。

7 一人も見捨てない

1 一人も見捨てない

『学び合い』で一番大事なのは，一人も見捨てないということの軸をぶらさないということです。そこさえ押さえていれば，クラスの成績の良い子が，「その課題が何を意味しており，どのように解決すべきか」ということを広げてくれます。残念ながら，今までの教育で慣れ親しんだ教師（つまり日本中の99％の教師）は課題の出し方を気にしますが，「一人も見捨てない」という言葉がお題目ではなく，究極の戦略であることを理解されていない。課題の出し方を気にしている時間を，「なぜ，一人も見捨ててはいけないか」ということを子どもたちにどのように語るかに時間を割いて下さい。

2 絶対に全員達成を求めて下さい

例えば知的な障害を持つ子ども，暴言・暴力を繰り返す子どもが含まれていても，絶対に全員達成を求めて下さい。ありがちなのは，そのような子どもが課題達成を出来ないのに，それ以外の子ども全員が出来たとき「今日はみんな出来たね」とふと言ってしまうのです。これは教師の心の中で「どう考えてもあの子は無理だ」と思っている場合，思わず出てしまう言葉です。しかし，一言それを言ってしまえば，集団の中の賢い子ども（即ち，この活動において中心になっている子）が，「○○さんは出来なくてもいいんだ」と気づきます。一人を見捨てる集団は２人目を見捨てます，３人目を見捨てます………。際限がありません。だから絶対に全員達成を求めて下さい。

しかし，そうなると周りの子どもが，その子を何とかしようとしてヘトヘトになってしまいます。そしてイライラがつのります。これを避けるためには褒めることです。全員達成を目指している姿を見取り，褒めて下さい。1つしっかり説教をするためには，その数十倍褒めてあげなければなりません。そして，「君たちだったら出来ると思う」とにこやかに語って下さい。

この活動で追求しているのは，「その日の問題が出来る出来ない」ではありません。全員が全員を見捨てないということを最後まで諦めない集団づくりです。人間，得手不得手があります。結果として最後まで出来なくたっていいじゃありませんか。しかし，全員達成は出来ないかもしれませんが，全員達成を諦めない集団づくりは絶対に出来るはずです。諦めない姿をいっぱい褒めて下さい。そして，それが中学生になったとき，高校生になったとき，大人になったときに「得」であることを繰り返し語って下さい。何よりも語る教師がそれを信じて下さい。

なお，特別支援学級の子どもの場合，その学級での課題を与えて下さい。その場合，教師の心の中に「こんなことを勉強しているのが見られていると可哀想」と思って課題を与えてはいけません。「人には得手不得手があって当然」と本気に信じて下さい。教師の心は見透かされるものです。逆に，教師が本当に信じれば，子どももそう思ってくれます。

8 子どもとの間合い

1 教えないで下さい

目の前に間違っている子がいると，「駄目よ，それはね……」と教えたくなるのは分かります。教えたくて教師になったのですから。が，教師が教え始めると，子どもは学び合わなくなります。先に述べたように，この活動では，その日の課題が出来る，出来ない，というレベルを超えた，その子の人生を保障しようとしていることを思い出して下さい。もし，間違っていたとしたら，「変だな～」と一言，また，「間違った人をそのままにしているのは冷たいな～。何で互いにチェックしないのだろう……」と少し大きめの声で言って下さい。そして，その声に応えて，他の子をチェックする子がいたら褒めて下さい。逆に，誰もチェックに行かなければ，授業の最後に「何でクラスのみんなが分かるために，本当に分かったかをチェックしなかったか？」と問うて下さい。

どうしてもその誤りを修正したいと思ったら，少なくとも，この活動が終わった後にやって下さい。ただし，それを他の子どもが見たら，その子の担当はあなただと思い，学び合いの輪の中から除外してしまうというリスクがあることをご理解下さい。

ただし，しゃべっていけないということはありません，子どもたちのそばで「これでは駄目だな～」などの駄目出しはＯＫです。子どもたちをからかったりしてもＯＫです。ただ，「これでは駄目だな～」と言った後に「それは，これこれこうすればいいんだよ」と教えることは控えて下さい。それは子どもたち同士がやればいいことです。教師はそれを促す存在です。

クラスサイズが20人以上であれば，教師が授業中に語ることの大部分は塾・予備校・通信教材で学習済みの子どもが数人はいます。また，上級生は既に学習済みです。ところがクラスサイズが５人以下だと，希に全員分からないということが起こります。それが６年生だった場合，子どもたちが誰も分からないということが起こります。それを避けるためには，事前に本活動での課題を予告して下さい。少なくとも上級生は予習します。

2 子どもにべったりと近づかないで下さい

この活動の時間は，特別支援が必要な子どもとは２ｍ以上距離を置き，その子を見つめ続けないで下さい。想像して下さい。あなたが新任教員で失敗しがちな教師だったとします。そのために，教頭先生が常にべったりと張りついて手助けしたら……。そのことによって，あなたは能力のない教師であるというラベルを貼られるのです。そのことによって，あなたの担当は教頭先生であると同僚から認識され，同僚が関わろうとすることを遠慮します。実は特別な支援を必要な子だけではなく，我々教師が善意で何気なくやっていることなのです。我々がやっている行動が，周りの子どもからどのように見られるかを，是非，考えてほしいと思います。この活動では，その日の課題が出来る，出来ない，というレベルを超えた，その子の人生を保障しようとしていることを思い出して下さい。我々教師は中学校について行くことは出来ません。しかし，子どもたちはついて行くのです。

9 無駄な時間を削りましょう

1 効率

この活動では，分かる子どもが別な子どもに教え，分かるようにします。そしてそれで分かった子も周りの子どもに教えます。つまり，倍々ゲームなのです。分かる子どもが幾何級数的に増加するので，子どもたちが関わる時間を５分間減らせば最終的に分かる子どもの数は大幅に減ります。だから，この活動では１分，１秒でも長く子どもたちの関わる時間を確保すべきです。

例えば，従来でしたら丸つけを教師がします。そうすると教師の周りには丸つけを待つ子どもの列が生じます。待つ時間が無駄です。だから子どもたちが自分たちで丸つけ出来る手段を与えます。そのために教師用指導書などを公開しています。いい加減に丸つけをする子がいると思います。しかし，その子に説教しても無駄です。なぜならば，その子は本当に分かるということが分からないのですから。一方，本当に分かるとはどういうことかを分かる子もいます。その子が周りの子をチェックして，いい加減に丸をつけないように注意をするしか解決策はありません。膨大な会話の積み上げによって「のみ」，本当に分かるということが何なのかを理解できるようになる道です。それは教師には出来ません。少人数学級の場合はそれが出来たとしても，教師は中学校，高校にはついて行けないのです。

また「一人学びの時間」ということは設けないで下さい。もう既に塾・予備校・通信教材で既習の子どもや，教科書を読めば解ける子は，教師が「一人学びの時間」を設けなくとも，一人学びをします。ちんぷんかんぷんの子どもは，その時間，何も出来ずにいる時間になってしまいます。つまり，無駄な時間になります。

2 大事なこと

大事なのは「一人学びの時間」を教師が設けることではなく，安易に答えを写す行為は駄目であることを子どもに分からせることです。しかし，安易に写す子に言ってもおそらく無駄だと思います。そのような子は「分かる」という意味が分からないのですから。しかし，一方，写させる子どもは「分かる」ということはどんなことかを分かっています。机間巡視しているうちに安易に答えを写すと思われる行為があったとします。そうしたら，「先生は全員が本当に分かることを課題としているんだよ～。答えを写すだけでは駄目だよな～。そして，答えを写させている子は，写すだけでは駄目なことを知っているのに写させている。それは見捨てているんじゃないかな～」とちょっと大きめの声で語って下さい。そして，最後のまとめでそれをしっかりと語り直して下さい。

『学び合い』で求めていること，それは至極当たり前のことなのです。結局，当人が本気に学ぼうとしない限り，どんなに素晴らしい教材や指導法も無意味です。どんな名人教師であっても，全ての子どもにやる気を起こさせることは無理なのです。だからクラス集団として，互いに勉強するべきだという文化をつくるべきです。

『学び合い』とはその集団を動かす道を示しているのです。

10 その先

1 成績

全校『学び合い』を週に1度やるだけでも，今までの授業では見られないような子どもの姿が見られると思います。例えば，特別支援が疑われる子どもが，問題なく集団の中で勉強し続ける姿が見られると思います。しかし，これは当然とも言えます。なぜならば，元気いっぱいな子どもに「静かにして，黙っていなさい」と強いるのと，「何してもいいよ。しかし友だちを見捨ててはいけないよ」と強いるのではどちらが自然でしょうか？また，手を焼く子を追いかけ回すのと，教師の意をくんでくれる子どもたちに一人も見捨てるなと説き，一緒にクラスづくりをするのと，どちらに未来があるでしょうか？

もちろん本活動レベルでは解決出来ない子どももいます。本活動は人間関係の向上に特化した活動であり，成績の向上への影響は限定的です。成績を向上させるには，子どもたちの姿を通して，週1回の全校教科活動の時間を週2回，週3回……と増やして下さい。

成績を上げるには，本人が成績を上げねばと思わなければなりません。そして，あなたがそのように思わせられない子どもは，周りの子どもが「勉強しようよ」と声をかけるしかないのです。週に1度の『学び合い』では，成績が上がらなくても，その責任は「殆どの授業をしている教師」だと思うはずです。それでは，子どもたちが本気にならないのです。その人を信じて仕事を任せなければその人が成長しないのは，大人ばかりではありません。

2 色々な教科で

是非，色々な教科でトライして下さい。算数・数学・物理・体育は課題がシンプルなので全校教科活動に入りやすい教科です。しかし，それらの教科は子どもたちの能力差が大きいので，全校達成が難しい教科でもあります。しかし，そこにこそそれらの教科としての意味があると思います。子どもたちは中学校・高校に進学し，そして社会に出れば，今まで小規模小学校で受けていた手厚い指導を受けられません。多くの挫折を味わうでしょう。その挫折を教師の目の前で，教師の指導の下で経験することが算数・体育の全校教科活動では出来ます。自分が出来ないからと言って卑屈にならず，出来るからと言って偉ぶらない。全員達成が仮に出来なくとも，全員達成を諦めないことがいかに素晴らしいことなのかを学ぶことが出来ます。

一方，国語・社会・理科は，成績の向上が期待出来ます。知的な障害を持つ子どもでもテストで高得点を取ることは可能です。と言うのは，子どもたちが分からない最大の理由は，教師から見ると簡単な言葉につまずいているからなのです。多くの子どもたちは，教科書はギリシャ語で書いてあり，教師はフランス語でしゃべっているように感じています。子どもたちは分からない言葉が出たとき，子ども同士ならば気軽に「〇〇って何？」と聞けるのです。それによって，ギリシャ語やフランス語が日本語に変わるのです。少なくともそれがなされていない状態よりは，かなりの成績向上が期待出来ます。国語・社会・理科は多くの言葉があるので，その効果が大きいのです。

カリキュラム・マネジメント

COLUMN

集団を信じる

教え子は可愛いでしょう。あなたは幸せなクラスを今までもつくったのかもしれません。進学した後に我々教師の出来ることは限られています。それを乗り越えられるとしたら，それは子どもたちなのです。だから，一人も見捨てない集団をつくることが，目の前にいる子どもたちの進学後の幸せを保障することなのです。短期的には教師が手を出したほうがいいように思えることもあります。しかし，それでは子どもたちの未来を保障出来ません。

『学び合い』では，色々なことが起こります。しかし，教師が対処療法をするのではなく，一人も見捨てるな，ということを子どもに求め，頭を使って戦略的に動くことを求めて下さい。

それで本当に大丈夫なのか？と思うのは当然です。しかし，そのとき，「では自分なら出来るのか？」と問い直して下さい。『学び合い』は魔法ではありません。当然，限界もあります。しかし，従来に比べて「まし」であることは確かです。なぜなら，今まで一人の教師が背負い切れない責任を負っていました。ところが『学び合い』では子どもたちが一緒に背負ってくれます。当然，子どもに背負わすべきではない責任もありますが，子どもたちが背負うべき責任もあるのです。子どもたちが責任を負うことによって成長します。さらに，全校『学び合い』ならば全校の子どもと，全校の教師と背負うことが出来るのです。是非，そのレベルで考え，子どもを信じて下さい。

第8章

全校『学び合い』で小規模校の問題解決！子ども集団づくり

ここで言う小規模学校とは，小学校では全校200人程度以下，中学校では100人以下の学校を指します。私が住んでいる新潟県上越市の標準から考えれば，小規模と言うより中規模の学校も含まれています。しかし，この程度の人数の場合，多くの学年では学年当たりのクラスは1クラスになります。結果として，在学中，ずっと同じメンバーで勉強し続けます。

さらに人数が少なくなると，複式学級になります。1人の教師が複数の学年を教えなければならないため，「わたり」や「AB カリキュラム」という，かなり無理のある指導をしなければなりません。

『学び合い』ではそれらを解決することが出来ます。

1 中1ギャップ

1 中1ギャップ

小学校から中学校に進学したとたんに不適応を起こす子がいます。中１ギャップと言われる現象です。この現象は小規模校の子どもは顕著です。その理由は２つあると思います。

第１の理由は，１学年５人程度の学級であれば，ほぼ個人指導が可能になります。手厚い指導の中で，毎日の学習が進められます。ところが中学になって急にクラスの人数が多くなります。当然，個人指導は受けられません。そのうえ学ぶ量が増え，スピードが速まります。大きな学校では小学校段階からある程度慣れているのですが，小規模校の場合，そのギャップが大きいため不適応を起こしやすいのです。

小規模校では常にメンバーのトップだった子が，そうでない立場になり戸惑い，落ち込みます。そうでない子どもも，小規模校での先生の手厚い指導を受けられません。中学校では「分からないから教えて」と同級生に言えなければ取り残されます。

第２の理由は，人間関係の複雑さです。学年30人程度以下であれば学年１クラスとなります。結果として，６年間ずっと同じメンバーで毎日を過ごします。そうなれば，自ずと序列が定まります。閉塞感はありますが，ある役割をこなす限り人間関係は安定しています。お互いに知り合っているので，しゃべらずに目と目で会話が成り立ちます。ところが，中学校でいきなり知らない人たちの中に入ります。絶えず相手はどんな人か，どのように話したらいいのかを考えねばなりません。当然失敗も多く，軋轢も生じます。それが中学校に入ったとたんに起こるので不適応を起こすのです。

小学校，中学校とも小規模校の場合，これが高１ギャップとして，より深刻な問題を起こします。

2 どうしたらいいか

少人数であれば，やろうとすれば個人指導が出来ます。力のある先生がそれをやれば，毎日の勉強が分かります。しかし，それが，目の前の子どもの幸せを保障しているか否かを考える必要があるでしょう。教師は進学先に一緒について行くことは出来ません。しかし，子どもたちは一緒について行きます。進学した後の子どもの幸せを保障したいならば，「今日の分かった」ではなく「互いに見捨てない子ども集団」をつくることだと思います。

進学しても潰れない子どもに，小規模校在学中に育てなければなりません。そのためには，小規模校の中で多様な人間関係を経験する必要があります。そして，進学しても支え合える学年を越えた子ども集団を全ての子どもに与える必要があります。進学先で分からないとき「教えて」と言える仲間，悩んだとき「辛い……」と言える学年を越えた仲間を，自転車で行ける範囲に10人以上持てたならば潰れません。

ではどうしたらいいでしょうか？全校『学び合い』がお勧めです。小規模校の子どもは普段から学年間の交流が頻繁です。異なった学年の一人一人を理解しています。そのため，中規模・大規模校より速やかに全校『学び合い』に慣れます。そして，高い質の学習を実現できます。

ある学校の話です。他の子どもといざこざを起こし，暴言・暴力が激しいため支援員の方がべったりの子ども（Aさん）がいました。小学校５年になって『学び合い』の実践者が担任になりました。１年間かけてその子がクラス集団の中に入るようになりました。６年生になると見た目にはごくごく普通の子どもになり，卒業しました。

卒業させた担任は自分の手を離れた後のその子のことが心配でした。そのクラスの卒業生が久しぶりに遊びに来ました。その先生は，それとなくAさんのことを聞きました。その子は「あ，Aね。Aが切れそうになると，周りのみんなが何とかしているから全然平気だよ」とこともなげに語りました。おそらくAを見捨てない仲間がいるということは，その子にとっても安心を与えるのです。

3 その先

小規模校でも全校『学び合い』をすれば飛躍的に大きな子ども集団を形成することが出来ます。それによって，小規模校の子どもたちが中１ギャップや高１ギャップを乗り越えることが出来るようになります。しかし，それをより確実にするのが学校連携です。

学校連携と言えば，幼小連携や小中連携が盛んです。それによって，幼稚園児が小学校がどんなところか，小学生が中学校はどんなところかを学ぶことが出来ます。しかし，進学先で不適応を起こす原因は，「どんなところか知らなくて」ということではないと思います。不適応を起こす原因は，「勉強について行けない」，「対人関係のトラブル」だと思います。それを解決する方法は，既に述べたように子ども集団をつくることです。その効果は絶大です。

第１に中学校区の児童集団を形成出来ます。小規模校の６年生は十数人以下です。それがいきなり中学校に入れば不適応を起こします。ところが，いつも勉強している仲間が30人弱の集団にして，その集団が中学校に進学するならばその危険性を減じることが出来ます。少なくとも，中学校のクラス分けでも何度か勉強した仲間が同じクラスに10人弱は含まれることが出来ます。そして，連携を拡大すれば，中学校に行く前から中学校区の子ども集団をつくることが出来ます。

第２に，（実はこちらのほうが，影響が大きいと思うのですが）教師集団の『学び合い』が出来ます。

小規模校では学年団が組めません。組めたとしても，人の相性はいかんともしがたいものです。さらに，教員の人数が少ないため，空き時間に職員室にいたとしても，自分と教頭だけとなります。教職員室で四方山話を出来ません。さらに，小規模校であろうと大規模校であろうと，最低限，教育委員会などに報告しなければならない書類の数は変わりません。１人の教員が多くの「主任」を兼ねて，膨大な書類づくりに忙殺されています。

小学校同士の合同学校『学び合い』をすると，同じ学年の子ども同士が楽しげに勉強する姿をよく見かけます。たまたま同じ学年に男子が１人の学校の子どもが，他校の同学年の男子と一緒になると本当に喜びます。これは教師も同じなのです。小学校同士の合同学校『学び合い』をやると，同じ学年を担当しているそれぞれの学校の先生方がゴチャゴチャと楽しそうに話し込んでいる姿が見られます。その結果として，「修学旅行は合同でやりましょう」，「忘年会は一緒にやりましょう」という声も上がるのです。

連携『学び合い』は効果絶大です。しかし，そう分かっていても，高頻度で実施することはなかなか難しいと思います。理由は，教えることが山ほどある現状で，それを潰して連携の時間をひねり出すのには限界があります。しかし，『学び合い』ならばそれが可能です。なぜなら，『学び合い』では平常の『学び合い』で，ただ，物理的に同じ場所にいればＯＫなのです。それは，全校『学び合い』と全く同じ理屈です。

2 学校連携『学び合い』の仕方

1 連携の相手

連携『学び合い』には連携する学校が必要です。自校が小規模校であれば，同じ規模の学校のほうが順当です。しかし，必須事項ではありません。全校『学び合い』で育てられた子どもであれば，最初はぎこちなくても，数回で中規模・大規模の子どもたちと一緒に勉強するようになります。

もちろん，連携する両方の学校に全校『学び合い』の経験があれば，それは望ましいと思います。しかし，必ずしも必須ではありません。少なくとも一方の学校の子どもに全校『学び合い』の経験があれば十分です。事前に，学校連携にどのような意味があるかをちゃんと説明し，活躍してほしいことを述べれば子どもは頑張ります。そして，他校の子どもの中に割り込んで，どのように学び合えばいいかを伝えます。案外簡単に未経験の学校の子どもも学び合えるようになります。理由は，『学び合い』は授業中はやっていなくても，休み時間や試験前には経験している子がかなりの数いますから。

最初の語りは，全校『学び合い』の経験のある学校の先生がやればいいと思います。まとめはもう一方の学校の先生がやればいいと思います。

2 実施のための注意

両校とも全校『学び合い』を実施している学校だったら，やっている通りを同じ場所（おそらく体育館）で実施すればＯＫです。ただ，最初の語りと最後のまとめの語りで，両校の全員が全員達成することを求めて下さい。

なお，名前と学年の名札を用意すると子どもたちにとって便利です。その際，学年を色分けし，両校で統一します。そして，何色が何年生かを前に掲示します。

また，学校が連携して活動をする際，今まではゲーム性の高い遊びを入れて緊張をほぐそうとします。しかし，知らない同士の関係を結ぶのは仕事（子どもの場合は勉強）が一番です。直ぐに連携『学び合い』を実施して下さい。遊びやゲームを取り入れるとしたら，連携『学び合い』の後のほうが効果的です。

さて，相手の先生が『学び合い』を知らない方だったら，まずは，今回の連携『学び合い』は基本的に「人間関係づくり」と説明して下さい。必ずしも正確ではありませんが，それが分かりやすいと思います。そして，その日の課題が「出来た／出来ない」ではなく，出来るために両校の子どもがどのように活動したかに着目するよう確認して下さい。

もしも，担任している子どもが「間違って」いても，それを教えず「う〜ん，間違っているな〜」とちょっと大きな声で駄目出しをするに留めるようにお願いして下さい。と，申し合わせても，おそらく教えたがると思います。そのため，他校の先生のそばに行って話しかけ，どこを見たらいいかを話して下さい。話し合っている間は，他校の先生は教えることはしません。そして，普段は手のかかる子どもがどのような変容を見せるかを気づかせるようにして下さい。

3 変則の解消

1 わたりの解消

複式学級で一般に用いられる指導法に「わたり」というものがあります。１つの学年に指導し課題を与えます。その学年の子どもが課題を解いている間に，もう一方の学年を指導し課題を与えます。その頃，課題が終わった他方のクラスの課題をチェックし，指導し，課題を与えます………。以上の繰り返しをします。

わたりにおいて，一方の学年の課題を解決する時間が，他方の指導と課題提示の時間と一致しなければなりません。かなりの綱渡り状態になります。

しかし，『学び合い』をやれば「わたり」は解消することが出来ます。授業の最初にそれぞれの学年の課題を与え「さあどうぞ」で学び合わせればいいのです。普段から一緒の時間が多い学年同士なのですから，あっという間に質の高い『学び合い』が成立します。

2 AB年度，ABカリキュラムの解消

系統性の高い算数は「わたり」で指導する場合が多いですが，理科・社会などでは，２つの学年が同じ教科書を使うという荒技をする小規模校は多いです。

ある年度（A年度）は３年と４年が４年生の教科書を使います。次の年度（B学年）は３年生が進級した４年生と２年生が進級した３年生が，共に３年生の教科書を使って勉強します。結果として，学年１年ごとに本来の順序を逆転して勉強する学年が生まれてしまいます。

理科・社会であっても本来の順序と違った順序で学ぶことには無理があり

ます。さらに，在校生が転校した場合に問題が起こります。そして，もし統廃合が行われるときには，統合される学校の年度を再調整する必要があります。以前だったらAB年度解消のために補助の人員を手当てしていましたが，現在はそれなしで解消せよ，という学校もあります。

『学び合い』ならば，これも簡単に解消することが出来ます。

3 全校体育

体育で人数が必要な競技の場合，全校の子どもたちで競技する必要があります。そのため体育は，全校レベルで指導する学校は少なくありません。しかし，子どもの身体能力の差が大きすぎます。

このような場合も『学び合い』は有効です。例えばサッカーの場合，「全員が参加出来るサッカーを実現するために，どのようなルールを設けたらいいか？全員が納得するルールを競技をしながら考えなさい」というような課題を与えるのです。

彼らは必死になって考えます。『学び合い』体育を参観し続けて，他の教科にはない素晴らしい体育の価値は，自らがルールをつくり，自らが評価し改良するということを学べることです。自然現象や数学方程式では出来ません。そして，学級会で決めるクラスのルールより短い周期で改良出来ます。公民教育を学ぶ最良の教科だと思います。

4 教え方

1 人数が少ない

『学び合い』は，学習者の中に，教師が与える課題が何を意味して正解は何であるかを分かっている子がいることを前提としています。塾・予備校・通信教材が発達し，保護者が高学歴化している日本においては，30人クラスだったら6，7人は必ずいます。しかし，人数が少なくなると統計上の揺らぎの割合が高くなります。具体的には，子どもの数が5，6人程度になると，そのような子が2人いる場合もありますが，逆に誰もいないということが起こってしまうのです。そのような場合はどうしたらいいでしょうか？

全校体制の『学び合い』の場合は，そこには上級生がいますのでほぼ問題はありません。そして課題を事前に予告していれば（もしくは単元レベルでまとめて課題を事前予告していれば），下級生の手前，予習してくる最上級生が生まれます。

また，もしこの部分は教えないと駄目だな，と思ったらそのことをプリントに書いて渡して下さい。相対的に能力のある子がそれを読みます。そして，それを基に他の子に教えることをします。もし，そのプリントを相対的に能力のある子が読み取れないとしたら，おそらくどんな指導をしても，あなたが個別でべったりと指導したとしても，能力の相対的に低い子は分かったふりをする以上のことは出来ないでしょう。

2 でも教えなければ

以上のような配慮をすれば，概ね問題を解決出来ます。しかし，『学び合い』が十分に成立していない状況の場合は，みんな分からない，という状況が起こる場合もあります。また，『学び合い』が成立していても，課題が不適切な場合，みんな分からないという状況が起こる場合があります。その場合は，『学び合い』と言えども，教師が「教えなければならない」場合が生まれます。しかし，その教え方があります。

教師は教えたくて教えたくて教師になった人です（私もその１人です）。従って，教えられる場面が現れると嬉しくなってしまいます。そして，とめどなく教えてしまいます。それでは駄目です。

おそらく，あなたが相対的に能力の低い子を教え始めると思います。あなたが相対的に能力の低い子を教え始めれば，『学び合い』がある程度定着した集団だったら，あなたが教えている脇に相対的に能力のある子が近づいてきて，あなたが何を教えているかをのぞきに来るはずです。そうなったら，相対的に能力の高い子に話しかけ，その子と一緒に教えます。そう出来るように，相対的に能力の高い子に教えるのです。相対的に能力の高い子が教え始めたら，そっと身を引いて，２人の会話を聞いて下さい。そして，間違った方向に行ったならば「う～ん？」と声をかけて下さい。

さて，もし，そのような子が近づいてこなかったらどうしたらいいでしょうか？その場合は，授業の最後に「今日は残念なことがありました。というのは●さんが分からないので，先生が「最後」まで教えました。私が●さんを教えていたのはみんな気づいたはずです。では，なぜ，本日のようなことが起こったのでしょうか？」と語って下さい。

全校『学び合い』が基本

単学級の『学び合い』の学びの姿を，一般の小学校と全校30人規模の小学校で比較したことがあります。その結果，全校30人規模の小学校の場合，同学年同士の良好なコミュニケーションが成立するまでの時間は，一般の小学校に比べて時間がかかります。

小規模校の場合は，それまでに同学年同士がずっと同じメンバーで学び続けています。そのため固定的な人間関係が蓄積してしまいます。それが長ければ長いほど，それを打ち壊すには時間がかかります。

しかし，全校『学び合い』における質の高いコミュニケーションが成立するまでの時間は，一般の小学校に比べて短時間に成立します。人数の少ない学校の場合，教科学習以外は必然的に異学年合同でいる時間が長いからです。例えば，休み時間に球技で遊ぼうとしたら，単学年では人数的に成立しません。そのため，学年を越えて顔と名前が一致しています。その結果，全校『学び合い』をしたとき，誰がその教科が得意で，誰が不得意かということを互いに知っています。

従って，人数が少ない学校の場合は，単学級ではなく全校『学び合い』を基本にしたほうが「楽」で「安定」です。事実，ある学校では算数は全ての時間，全校『学び合い』で行いましたが，学力の向上は著しいものでした。

第9章

全校『学び合い』発展編

全校体制の『学び合い』は素晴らしい可能性があります。ここまでに紹介したものは序の口です。さらに先があります。おそらく本書を読んでいる方でも「え?!」と驚くかもしれません。しかし，以下で書くことは法律的にも，実践的にも可能なことです。事実，それを実現しているところがあります。
是非，試してみませんか！

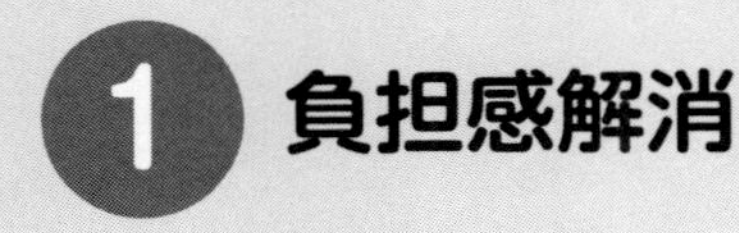

1 負担感解消

1　１人の教師の担当時間

『学び合い』の場合，従来の授業と異なって，１人の教師が100名を超える子どもたちを問題なく指導出来るようになります。これを応用すれば，以下も可能となります。

> １人の教師が，同一学年の複数のクラスを同時に授業する。
> １人の教師が，異なった学年の複数のクラスを同時に授業する。

結果として，その教師の週当たりの担当時間数は劇的に減少させることが出来ます。そして実際にそれをやっている学校もあります。

それは違法なことではないかと思い，法を調べてみました。その結果，少なくとも小学校，中学校に関しては，法で定めているのは子どもの数当たりの教師の数であり，それ以上ではないのです。教師をどの学年に何人配置し，何の教科に何人配置するかは学校長の判断なのです。

極端な話，教師の半分が英語教師である中学校も法的には可能なのです。もちろん，教育委員会に問い合わせられた場合，それが教育上に問題がなく，逆に，教育上意味があるという合理的な説明をする必要はあります。そして，そのような「授業法」を定常的に採用しているとき，教育委員会より加配教員を取り上げられる危険性があります。

しかし，小規模校の場合，もともと加配教員はなく，マンパワーの関係で限界状況であるならば，上記の授業法を定常的に行うことは可能だと思います。さらに，おそらく加配教員を取り上げられたとしても，『学び合い』を活用するほうが，教員の負担感を減ずる効果は高いです。

また，小規模校でなくとも，上記の授業法を週１，週２程度に取り入れることは十分に可能です。そして，高等学校においても，その意義をちゃんと説明するならば可能だと思います。

なお，以下に法の規定の整理を書きます。

2 法の規定

以下はしばらく無味乾燥な記述ですが，しばらくおつきあい下さい。

学級の編成に関しては，学校教育法施行規則第121条に「特別支援学校の小学部，中学部又は高等部の学級は，同学年の児童又は生徒で編制するものとする。ただし，特別の事情がある場合においては，数学年の児童又は生徒を一学級に編制することができる」の定めがある。それを受けた「小学校設置基準」の第５条に「小学校の学級は，同学年の児童で編制するものとする。ただし，特別の事情があるときは，数学年の児童を一学級に編制することができる」とある。また，「中学校設置基準」の第５条に「中学校の学級は，同学年の生徒で編制するものとする。ただし，特別の事情があるときは，数学年の生徒を一学級に編制することができる」。

しかし，両法での学級は，第６条の「小学校に置く主幹教諭，指導教諭及び教諭（以下この条において「教諭等」という。）の数は，一学級当たり一人以上とする」及び「中学校に置く主幹教諭，指導教諭及び教諭（以下この条において「教諭等」という。）の数は，一学級当たり一人以上とする」に関わるが，学習方法に関しての規定はない。

「公立義務教育諸学校の学級編制及び教職員定数の標準に関する法律（標準法)」の第３条（学級編制の標準）において

> 公立の義務教育諸学校の学級は，同学年の児童又は生徒で編制するものとする。ただし，当該義務教育諸学校の児童又は生徒の数が著しく少いかその他特別の事情がある場合においては，政令で定めるところによ

り，数学年の児童又は生徒を一学級に編制することができる。
２　各都道府県ごとの，公立の小学校又は中学校（中等教育学校の前期課程を含む。）の一学級の児童又は生徒の数の基準は，次の表の上欄に掲げる学校の種類及び同表の中欄に掲げる学級編制の区分に応じ，同表の下欄に掲げる数を標準として，都道府県の教育委員会が定める。ただし，都道府県の教育委員会は，当該都道府県における児童又は生徒の実態を考慮して特に必要があると認める場合については，この項本文の規定により定める数を下回る数を，当該場合に係る一学級の児童又は生徒の数の基準として定めることができる。

とされている。つまり，小学校では16人以下（第一学年の児童を含む学級にあっては，８人以下），中学校では８人以下の場合は，二の学年（以下，複式）にしなければならないと定められている。

しかし，３学年，４学年，それ以上の学年で複式を編成してはいけないとは法には書かれていない。また，小学校で17人以上，中学校で９人以上であったとしても複式にしていけないとは書かれていない。

しかし，同法第４条，第５条には，以下のように教育委員会への届け出が必要である。

（学級編制）
第四条
公立の義務教育諸学校の学級編制は，前条第二項又は第三項の規定により都道府県の教育委員会が定めた基準を標準として，当該学校を設置する地方公共団体の教育委員会が，当該学校の児童又は生徒の実態を考慮して行う。
（学級編制についての都道府県の教育委員会への届け出）
第五条
市（特別区を含む。第八条第三号並びに第八条の二第一号及び第二号において同じ。）町村の教育委員会は，毎学年，当該市町村の設置する義務教育諸学校に係る前条の学級編制を行つたときは，遅滞なく，都道府県の教育委員会に届け出なければならない。届け出た学級編制を変更したときも，また同様とする。

しかし，同法での学級編制は第６条以降の教員数の算定の根拠となる数字で，学習をどのように進めるかを規定しているものではない。

高等学校では義務教育の規定と異なる。大きな違いは，学級編制ではなく学習をどのように進めるかを規定している点である。具体的には「高等学校設置基準」の第７条に「同時に授業を受ける一学級の生徒数は，四十人以下とする。ただし，特別の事情があり，かつ，教育上支障がない場合は，この限りでない」とある。しかし，ここにおいても特別の事情があり，教育上支障がない場合は許されるとされている。

以上，まとめると，以下を制限する国の法はないということが分かりました。

１．２年１組の担任（教科担任も含む）Ａと２年２組の担任Ｂが合同で授業をする（また，それ以上の同一学年のクラスで合同する）
２．１年１組の担任Ａと２年２組の担任Ｂが合同で授業をする（また，それ以上の異学年のクラスで合同する）（ただし，各学年の学習内容に基づく授業をする）
３．１人の教師が，同一学年の複数のクラスを同時に授業する
４．１人の教師が，異なった学年の複数のクラスを同時に授業する

しかし，法の運用は「人」が行っています。上記を実現出来るか否かは，政治が必要です。

2 受験対策

1 先生が言うより

受験勉強は，どのようにやるか以上に，いつからやるかで合否が決まります。特に高校入試の場合，受験勉強を「中学２年から始める」，「中学３年になったら直ぐに始める」，「夏休みから始める」，「夏休み以降に始める」のいずれかで結果はほぼ決まります。

そのため教師は，受験の大変さと，早く受験勉強を始めろと口を酸っぱくして語ります。しかし，子どもたちにとって受験の大変さというのは経験していないのでリアリティがありません。

そのときに有効なのは全校『学び合い』です。３年生の１年間を２年生，１年生がずっと観察できるのです。イソップのアリとキリギリスの話と同じように，のんびりしている先輩が夏休み以降に焦り始め，そして２月３月にどうなるかを見るのです。逆に，こつこつ受験勉強を早めにやった先輩が志望校に入ることを見るのです。これは教師の話よりもリアリティがあります。

おそらく全校『学び合い』のとき，先輩のほうから「早めに勉強しなければ大変になるぞ」と脅かされるでしょう。どんな参考書や問題集にどんな特徴があり，予備校の夏期講習はどこがいいかという情報が実体験に基づいて話されるでしょう。そして，自分がなぜ，その学校に進学したいかという情報も流れます。それを教師が価値づけ，奨励するのです。

2 団体戦

『学び合い』では子どもたちは協働します。しかし，内申書という面では互いにライバルです。相手を教えることは，もしかしたら自分に不利になるのではないか，と考える子もいるでしょう。その場合は，以下のように全校の子どもたちに語って下さい。

> **今，一人も見捨てず，全員達成を目指しています。しかし，内申書という面では互いにライバルです。相手を教えることは，もしかしたら自分に不利になるのではないか，と考える人もいるでしょう。しかし違います。**
>
> **皆さんのライバルは同じクラスの人でしょうか？この学校の同じ学年の人でしょうか？違います。皆さんのライバルは近隣市町村の中学校の生徒（大学入試の場合は，全国の高校の生徒）です。考えて下さい。内申書のことから互いに足を引っ張り合っている学校の生徒と，支え合っている学校の生徒のどちらが合格すると思いますか。**
>
> **それに，進学したら終わりではありません。進学すれば，よりいっそう高度な勉強をします。その中で生き残るためには，分からなかったら教えてくれる人がいるかいないかが決定的です。今，その仲間をつくっているのです。従って，この学校で同じ志望校の生徒で支え合える集団をつくり，みんなで合格すれば心強いですよね。**
>
> **受験は個人戦ではありません。団体戦です。一人一人の競技が違う陸上部でも，集団が出来ている学校はどの競技も強くなります。受験でも一人も見捨てては駄目です。**

１年から３年が集まった中で以上を語った後，集団はどうなるでしょうか？ワクワクしませんか？

3 保護者との連携

1 栄養指導

ある先生の事例です。その方のクラスには，かなりの偏食の児童が数名おり，好き嫌いが多い児童が少なからずいて，特に栄養と健康の関係などに関する学習には力を入れたいと考えていたそうです。そのため，家庭科の栄養に関する学習で，学校の栄養士さんと一緒に指導することを考えました。しかし，その学校の栄養士さんは３校掛け持ちで，その学校に来る日は殆どなく，お願いや打ち合わせをする時間が殆どありませんでした。

そのような話を子どもたちにしたら，「うちのお母さんは栄養士だよ」と言う子がいました。そこで「Ａちゃんのお母さんに頼んでみてよ」とお願いしたところ，即，ＯＫをもらいました。そして，せっかくだから，その授業を授業参観の目玉にしました。そして，「Ａちゃんのお母さんの飛び入り，乞うご期待　」という通知を出しました。子どもたちは，いつもとは違って自分たちのお母さんが登場する授業は初めてだったので喜びました。また，保護者もどんなことをするのだろうという興味から授業参観には多くの保護者が集まり，いつもは参加のないお父さんまでも参加されたので，子どもの数より保護者のほうが多かったそうです。授業は大成功で，その後の懇談会も多くの保護者が残りました。その先生は「保護者の方々は色々な面でご活躍しておられます。これからの子どもたちの学習はさらに多岐にわたり，今日のように，栄養の話ならやっぱり栄養のプロである栄養士さんのお話を聞いたほうが子どもたちも納得すると考えます。これからも是非，授業においても保護者の方々のお知恵やお力をお借りしたいです。つきましては，私は「この道のプロよ」ということを全員の方にお聞きしたいと思います。もちろん，職業的なものでもいいし，趣味でもいいので，お聞かせいただければと思います」と言って保護者全員に得意分野を聞き，メモしたそうです。
その保護者会では，「え～，Ｂさん，そういう趣味があったんだ～。凄い」など保護者が互いにわいわいと話し出し，盛り上がりました。保護者同士も，授業参観などで顔を合わせる程度だと，顔は分かっていても得意なことや趣味までは知らないことが多く，懇談会で趣味などを語り合うのは保護者が互いをよく知るためのいいきっかけになりました。

2 その後の発展

その後，その先生は，新しいクラスを持つ度に，懇談会ではいつも同様な依頼をして保護者の得意分野を聞き出しました。例えば，陶芸が趣味のお父さんがいたクラスでは，みんなでマグカップを作る授業参観を企画しました。後日，それを焼いてみんなでお茶会をしました。そのようなクラスの場合，授業参観はもちろん，懇談会の参加率もいつも90％以上でした。
そのようなことが定着してくると，授業参観でなくても保護者は気軽に授業のお手伝いをしてくれるようになります。例えば，５年家庭科の「ミシンでナップサックを作ろう」などのときには，「先生，ミシンは子どもたちは初めてだから，ちょっとお手伝いに行きましょうか？」などと声をかけてくれました。そのお母さんが他のお母さんたちにも声をかけてくれて，Ｔ・Ｔのように事前打ち合わせなどしなくても，家庭科の時間になると色んなお母さんが来てくれました。そうなると，担任は今日誰が来てくれるのかも分からないけれど，時間を見つけては来てくれるので，教師側も保護者側も気を遣わないですみます。時には10名くらい来て，その先生も驚いたそうです。その後，お母さんたちはお茶して帰ったり，ランチして帰ったりしています。それも保護者の楽しみとなりました。さらに，何度か学級に来ていただくと，自分の子どもも客観的に観られたり，教師の大変さも理解してくれたり，手のかかる児童もいることを理解したりします。

3 ちゃぶ台

『学び合い』の授業だったら，いつだって授業参観はＯＫです。子どもたちが授業をやっている近くにちゃぶ台があり，そこにお茶とお菓子が置いています。そこで，担任の先生と保護者や祖父・祖母が座って四方山話をするのです。学級懇談会のような堅い話になりません。両方とも率直に語ることが出来ます。保護者から「そんだったら，私が○○さんに話をつけてあげるから」，「あ，それだったら私と○○さんで手伝える」と言ってくれるかもしれません。

人間関係は，公式な話し合いではなく，四方山話の積み上げが必要だと思います。

そのようなところに参加してくれる保護者は教育に熱心な方です。そして，周りの人の世話を焼く人です。つまり保護者のオピニオンリーダーです。敵に回せば手強いですが，味方にすればこれほど心強い仲間はいません。そのような保護者と四方山話を積み上げていけば，子どもと同じように保護者も支え合う必要を分かってくれます。教師が「学校に是非おいで下さい」と求めると，「忙しいのに！」と言う保護者であっても，ママ友ネットワークで「一緒に行きましょ」と言われると快く参加するようになります。もし保護者の２割以上が参加するようになったら，それは世論になります。

２割の保護者を動かせれば，６割の中間層が２割の保護者に準じた行動をします。そして上記の８割の保護者が，残りの２割を動かすのです。『学び合い』をクラスに定着させる理論と全く同じです。

モンスターペアレンツという言葉があります。いきすぎた人は問題がありますが，多くは心配で心配な保護者です。その原因は，保護者ネットワークの中から外れて情報が流れないためです。心配なことがあっても，他の保護者から「そうなのよね～。私もそう思っているの」と言われれば，自分の子どもだけではないということが分かり安心できます。

常識を外れたことを要求する人がいたとします。気持ちとしては「バカ野郎！」と一括したい気持ちがあっても，教師という立場ではそれも出来ません。その場合はその要求を否定せず，「なるほど。では，そのことを保護者の方々と議論しましょう。『学び合い』の授業のときには色々な保護者がいらっしゃいますので，都合の良いときにいらっしゃって下さい」と言って下さい。大抵の人は，自分が教師に甘えて非常識なことを要求していることを理解しているので，「そこまでは……」と旗を降ろすでしょう。仮に旗を降ろさなくても，周りの保護者がたしなめてくれます。

以上のようなことが得意な教師もいますが，そうでない教師もいます。ではどうしたらいいでしょうか？全校『学び合い』のときに，ちゃぶ台を置くのです。学校には前年度の担任，兄弟の担任がいます。その人が仲立ちになればいいのです。

経営学を生み出したドラッカーという人は，学校のような非営利組織の成功の鍵はボランティア獲得であると看破しています。保護者をどれだけボランティアに出来るか，それが今後の学校の鍵となります。

4 部活指導

1 部活指導

中学校の先生（特に男性の先生）は異常に忙しいのが現状です。その原因は土日がないためです。言うまでもありませんが，土日は勤務時間外で，本来は自分自身の家族と過ごす時間です。ところが，「違法」にも土日が殆どとれません。部活指導があるからです。

毎週の練習，地区大会・県大会の引率などがほぼ全ての土日に占めることになります。引率のためにワゴン車を買う人は少なくありません。スキーの盛んな地域だと，冬期間は全く休日がありません。保護者は当然のようにそれを求め，それをやらない人は地域から虐められます。でも，そんなことがどんなことを引き起こすかは，既にお分かりの通りです。今の教師には余裕が殆どないのです。

2 社会体育

岐阜県の中学校の先生と話したとき，全く別な部活もあることを知りました。もともとの発端は，教員側と社会体育側の両方にありました。教員側に関して言えば，上記に述べたような「違法」な過剰負担です。平成11年度の週休２日制度への移行時，部活育成会の保護者に，土日を担当してほしいと学校が求めました。これは教育委員会が音頭取りしたものではなく，各学校単位で独自の動きです。しかし，ほぼ同じ時期にそのような動きが起こったということは，その地域が限界にきたという証拠だと思います。

社会体育にも動きがありました。文部科学省は平成７年度より「総合型地域スポーツクラブ育成モデル事業」を始めました。このスポーツクラブを活性化させるには，従来，学校に任せていた土日の児童生徒を受け入れる必要性が生じました。

保護者と学校との何回かの話し合いの結果，現在のような形になりました。現在では，先に述べたように，月曜日から金曜日は，学校が部活動として運営し，土日は保護者が中心となった社会体育がクラブ活動として運営しています。その社会体育のクラブの活動場所の多くは，学校の部活と同じ学校の施設を利用します。しかし土日の運営は学校とは切り離された，あくまでも保護者を中心とした社会体育が運営します。両者は独立していますが，子どもたちの集団は「たまたま」一緒，ということです。つまり，学校の野球部のメンバーと，社会体育の野球クラブの指導者・管理者は別ですが，子どもたちは同じなのです。

このようなシステムで，岐阜県の多くの学校では部活を運営しています。ただ，この運営がうまくいくかいかないかは，学校と保護者の連携にかかっています。運営は独立していますが，「独立しているから関係させない，私も口出ししないから」というスタンスか，「独立しているけど，協働しよう」というスタンスかで大きな違いが起こります。社会体育では，保護者は教師となります。もし協働すれば，共に子どもを育てる同僚となれます。そうなれば，同じレベルで学校のことも話せます。

5 地域コミュニティの再生

1 地域コミュニティの崩壊

日本の地域コミュニティの崩壊によって様々な問題が起きています。例えば，現状の少子化の原因は，子育てが大変だから子どもをつくらないというのが大きな原因だと思います。そして，その背景は，核家族と共稼ぎが重なったためだと思います。もし，地域コミュニティが発達し，親兄弟，また，その他の人に子どもを託せるとしたら，状況は変わるでしょう。

高齢化社会がネガティブに捉えられていますが，その原因は，高齢者が非生産者に位置づけられているからです。しかし，日本の退職者で仕事が出来ない状態の人がどれほどいるでしょうか？殆どいないと思います。日本人は「退職後は悠々自適のご隠居さん」を理想とするのではなく，「死ぬ前日までバリバリと働ける」ことを理想とすべきです。死亡の年まで納税してもらえるならば，日本はものすごく豊かな国になります。

自営業の人は，それに近い人生を送っています。しかし，公務員や企業人もそういう人生を送るべきです。日本人は教育にお金をかけています。でも，退職教員が日本中にどれほどいるでしょうか？私の家内は子育て中で専業主婦ですが，長らく幼稚園・保育園の教師でした。日本中に保育士の資格を持っている主婦がどれほどいるでしょうか？外国語に堪能な海外勤務経験者の退職者がどれほどいるでしょうか？こんなのは序の口です。財務省にもない膨大な埋蔵金が日本中に死蔵されている。日本には教育を受けた労働力が死蔵されているのです。

この労働力をどのように活用したらいいか？これは官庁の奥の院で決められません。決めても，殆ど機能しないでしょう。そして，それは市町村役場でも無理でしょう。と言うのは，そのような労働力は，個性が多様なのです。

例えば，「何時から何時の勤務がしたい」なんていうのは序の口です。家から何分で行ける範囲内というものもあるでしょう。でも，それ以上に「〇〇さんと一緒だったらやりたい」というものもあります。そして，〇〇さんと一緒だったら，〇〇さんの車に一緒に乗れば勤められる範囲は格段に広がります。若い労働力は規格の中で働きますが，高齢者はそうはいきません。他人からは「我が儘」と思われるようなことを調整するには，その人を知っている人たちしか出来ないのです。

2 ミッション

地域の人が「自分もやろう」と思う割合と強さが一番高い課題は何でしょうか？私は「我が子，我が孫」のため，つまり学校が最もそれに近いと思っています。

学校が，まずは保護者を保護者集団にします。ミッションは「我が子」から「子どもたち」にするのです。そして，やがて保護者集団が学校に所属感を持ち，「息子の学校」から「自分たちの学校」となります。そして，『学び合い』の考えによって周りの人に声をかけ，ミッションをより広く，より多く，より多様な人を巻き込めるようなミッションにするのです。具体的には「一人も見捨てずに，最後の日まで人から必要とされる人生を送ろう」というものは素敵ですね。

6 学校研究会

1 指定研究の様子

小学校・中学校は国・県・市の研究指定を受けることがよくあります。指定を受けた学校は，２年もしくは３年で研究をまとめ，それを発表します。また，大学の附属学校の場合は，この研究発表が主な業務の１つとなっており，毎年，必ず発表会を催します。

大抵の進行は以下の通りです。

朝，各地から集まる先生方が入り口で受付をして，分厚い冊子を渡されます。冊子には，何時から何先生の何の授業がどのクラスで行われるかが書かれています。そして，その授業では何をねらって，どんなことをするかをまとめたものが書かれています。参観者の先生は，それを頼りに各教室に移動し，参観します。その後，全員が体育館に集まり，研究主任の先生が学校としての取り組みを発表します。各先生方は，主に教科別に分かれた部会に分かれ，本日の授業に関して検討会を行います。

さて，上記の文章において「主語」は常に「教師」です。では，子どもたちはどうでしょうか？授業を受けますが，その後は下校となります。そして，研究発表でどのようなことが話されたかは知らされることはありません。子どもたちにとって，その研究会が何を目指したものであり，どのような成果があり，それが自分たちにどのように還元されるかをちゃんと知らされることはありません。

では，保護者はどうでしょうか？私も研究会に講師として呼ばれることが少なくないですが，保護者の方とお会いするのは，受付と講師控え室です。受付では，私が名乗ると名簿にチェックし，菊の胸飾りと冊子を渡していただき，講師控え室に誘導していただきます。講師控え室に行くと，保護者の方にお茶を出していただきます。「大変ですね～。ご苦労様です」と言いますと，ニコニコされていますが話が弾むことはまずありません。控えめに，控えめに，とされているようです。

でも，変じゃないでしょうか？学校の教育の当事者は教師ばかりではありません。まず，子どもであり保護者であるはずです。その日の授業ばかりではなく，その学校の授業の成果を「我がこととして」知っているのは子どもであり保護者だと思います。

2 校長が……

想像して下さい。ある校長が赴任してきました。そして，何か難しげな理論の名前を出して，それで学校づくりをすると宣言したとします。ところが殆どの職員が理解できません。でも，職員の中で一生懸命に勉強して，それを周りの職員に広げるかもしれません。

しかし，その校長はその理論で学校づくりをすることを，職員には言わなかったとしたらどういうことが起こるでしょうか？おそらく，職員は，校長には何か拘りがありそうだということはしばらくすれば気づきます。しかし，そうだという確信は持てません。

校長が何を考えているかの手がかりがありません。職員があらゆる聞き方をしながら，校長が何を良しとして悪しきと思うかを引き出そうとします。そのうちに誰かが，校長は●●理論のことを言っているのかな～っと気づくかもしれません。しかし，そうだという確信は持てません。

さて，非常に非効率だと思いませんか？校長が願っているならば願っていることを明言し，それに関する資料を提示すべきだと思います。もちろん，全ての職員がそれを読み解けるとは限りません。しかし，読み解ける職員はいるはずです。その職員が周りの職員に広げてくれます。校長が何を願っているかを理解すれば，無駄な腹の探り合いをする必要性はありません。

さて，このことを学校研究会に当てはめて下さい。私は学校研究会に呼ばれたとき，その学校の子どもに「君たちの学校は何を研究しているの？」，「そのことはどういうこと？」と聞きます。まともに答えてくれたことは殆どありません。

3 『学び合い』の会

『学び合い』の会では，保護者や子どもの参加者は少なくありません。そして，発表者として保護者や子どもが発表するのです。小学校低学年の子どもが他校の先生から質問を受けたとき，必ずしも流ちょうにしゃべれるとは限りません。しかし，周りの子どもと一緒になって実際の授業での経験をその場で語ったとき，体育館で発表される建前の話より，本当の学校の様子が見えるものです。さらに，小学校高学年以上となれば，自らの授業を教師の視点で見た発表も出来ます。

保護者の発表の場合は，凄い。教師が裸足で逃げ出すような素晴らしい話を語ってくれます。教師は学校での子どもの様子は見えますが，家での様子はなかなか分からないものです。しかし，子どもが家に帰って学校のことをどのように語るのか，また，子どもがどれだけ自主的に家庭学習に取り組んでいるかを知っているのは保護者であり，子どもです。さらにママ友のランチの際には，各先生の「品定め」が話題になります。かなり辛辣で，教師が聞いたら怒り出すような内容もあります。しかし，各先生方の授業を受けた多くの子どもからの情報を，保護者の間で交換され吟味されたとき，かなり正確な分析がなされています。

『学び合い』の会で，教師・保護者・子どもの発表をしたとき，参加した「教師」から最も高い評価を得るのは保護者と子どもの発表です。なぜなら，教師が最も得にくい情報だからです。

私は，学校の研究会を行うには，子どもや保護者にその趣旨と目的をちゃんと説明し，その成果をどのように子どもたちに還元するのかを説明すべきだと思っています。そして，子どもたちや保護者が「使われる」立場ではなく，主体者になるべきだと思っています。むしろ，教師が受付とお茶接待をする側になるぐらいのほうが，遠方から来られる先生方に意味ある情報を与えるのではないでしょうか？

4 ある研究発表会

『学び合い』で学校づくりしている学校の研究発表に参加しました。授業参観が終わって体育館に参加者が集まります。おそらく頭の中にはいっぱいの「？」であふれていると思います。最初は，お定まりの校長の挨拶，来賓の挨拶が型通りあります。

次は研究主任の説明です。普通ですと，「本校の研究テーマ」を朗々と語り始め，数多くのスライドを使いながら30分～45分程度説明します。が，その学校は違いました。研究主任は５分程度で，『学び合い』のことと導入した経緯を説明します。

その後に，子どもたちが登場します。子どもたちがアンケートを考え，そのデータをまとめます。普段の授業の様子の写真やインタビューなどをプレゼンにまとめ，それを居並ぶ教師の前で堂々と説明しました。学校の研究は子どもが分かってこそ，その成果は上がると思います。

7 夢

1 断絶への航海

私の大好きな小説に『断絶への航海』（ジェイムズ・P・ホーガン）というSFがあります。内容を簡単に説明します。

地球が壊滅的な打撃を受けた第三次世界大戦から復興した2040年に，アルファ・ケンタウリから通信が入りました。内容は戦争直前に出発した移民船が植民に成功したという知らせです。早速，地球からその星に使節団が出発しました。到着すると，使節団は戸惑ってしまいます。なぜかと言うと，交渉の相手となるべき中央政府がありません。それどころか，組織だった行政組織が何もありません。あるのは，町内会に毛が生えた程度の組織の集合体です。また，「お金」という概念がありません。当然，貧富の差はないし，窃盗などの犯罪もありません。強いて「お金」に対応するものを探すと，「尊敬」というものが当たります。このような社会を見て，使節団の中にいる政治家・金持ちは「無政府状態だ！」と怒り狂います。詳細は小説に譲りますが，このSFは非常に面白いです。第1に，政治家・金持ちが，いかに中央政府・金融システムが必要だと強調しても，移民たちに無視される様子が滑稽です。さらに，使節団の人たちも，この星のシステムの良さに気づき，自分たちの社会の異常さに気づき，一人一人が移民社会に同化します。結局，平和的に地球型のシステムは敗北します。

日本人の全員は小中学校に行きます。そして，殆どの人が高校に行きます。我々教師が一人も見捨てないことの意味を子どもたちに伝えられるのです。多感な12年間，現代の日本とは隔離された学校という社会の中で，ホーガンが描いた社会を経験することが出来ます。空想的共産主義と笑われた社会，理想的な民主主義を経験することが出来ます。そんな子どもが大人になれば，どんな社会が実現出来るでしょうか？一人一人が見捨てられず，多様な人と多様につながりながら生活できます。何か悩んだときは，直ぐに相談出来る仲間が歩いて移動出来る範囲にウジャウジャいるのです。ごく一般人が生まれたときには何百人の人から祝福され，ごく一般人が死ぬときは何百人の人に見取られます。それが普通の社会です。

2 パラダイス

もし，自転車で10分以内に，何でも相談できる人が100人いたらどれほど素晴らしいでしょう。学校の空き教室で定期的に持ち込みパーティが開かれます。お金がかからず，そして楽しい。子どもを安価で安心して預けられる環境がそろっているならば，共稼ぎが可能となります。安価で高質な高齢労働者は，若年労働者に負けない市場を開拓できると思います。海外に工場を建てる必要はなくなるかもしれません。あ～，妄想は続きます。多くの人が多様なアイディアを出し，一人一人の「我が儘」に「折り合い」をつければ，どれほどのことが出来るでしょう。

私の考えるパラダイスは，生まれたときに数百人に祝福され，死ぬときに数百人に見送られる，それが一人の例外のない社会です。私はそれのキーは学校だと信じています。

カリキュラム・マネジメント

COLUMN

授業公開

ある小学校の校長が『学び合い』で学校づくりをしようと思いました。その学校の若い先生が先陣を切って実践しました。順調にクラス集団が成長したのですが，男女別のグループが形成されており，男女の壁がなかなか崩れませんでした。

地域の学校の先生が参加する授業公開をしました。当然，目が点になって『学び合い』の授業を参観していました。授業が終わりました。普通だったら子どもを下校させ，教師だけの授業検討会です。ところが子どもを下校させません。子どもたちに「これからの時間の課題は，ここにいらっしゃる先生方全員に，自分たちの授業を分かってもらうことです。どうぞ」と語りました。子どもたちは一斉に地域の先生方のところに行って説明し始めました。

参観の先生も最初はビックリしていましたが，色々な子どもに聞いても，しっかりと自分たちの授業を説明する子どもたちを見て，これは本物だと分かってもらえました。しかし，ある先生が「でも，何で男女別なの？」と質問すると子どもたちはドギマギしてしまいました。言い訳をしても，説得力はないのは自分たちでも分かります。

その授業公開があってから１週間ぐらいで，男女の壁が取り払われていました。

参観者が本当に聞きたいのは「これ本当？」ということです。それに答えられるのは授業者ではなく，子どもです。そして，授業公開によって子どもも成長しなければなりません。

あとがき

明治維新のとき，第二次大戦後，それまでの価値観が一気に崩れました。多くの人が狼狽し，多くを失った人があふれました。しかし，その一方で，新しい時間の流れを見通し，産業を興し，町を整備し，多くの人の生きる術を産み出した人がいます。

日本は平和で戦争はありません。しかし，明治維新，第二次大戦後に比肩する急激な変化が起こっています。1950年から続いた好景気，人口拡大が終わり，その頃のモデルは崩れています。新たな時代においても日本人が力強く生き続けるために，アクティブ・ラーニングが学習指導要領に導入されるようになりました。そして，それを職員集団で推進するためにカリキュラム・マネジメント，即ち教師集団のアクティブ・ラーニングが導入されるのです。

今回の変化は戦争を伴っていないため多くの人は気づいていません。自分が子ども時代を過ごしたような時代が，自分の子どもが過ごすであろうと考えています。そして，自分が過ごしている今を，子どもたちが過ごすであろうと考えています。しかし，人口が今世紀末には３分の２になり高齢者の増加する日本にそのような未来はあり得ません。

多くの人が気づかないのは致し方ないと思います。しかし，一定の人たちが気づき，行動を起こさなければなりません。本書を読まれた皆さまが，まずは週１の全校『学び合い』で一歩を進まれることを心から願っています。

教え子，そして我が子，我が孫のために，急がねばなりません。

西川　純

【著者紹介】

西川　純（にしかわ　じゅん）

1959年東京都生まれ。筑波大学生物学類卒業，同大学院（理科教育学）修了。博士（学校教育学）。臨床教科教育学会会長。上越教育大学教職大学院教授。『学び合い』（二重括弧の学び合い）を提唱。

【著書】

『クラスと学校が幸せになる『学び合い』入門』（2014年），『気になる子への言葉がけ入門』（2014年），『子どもたちのことが奥の奥までわかる見取り入門』（2015年），『子どもが夢中になる課題づくり入門』（2015年），『簡単で確実に伸びる学力向上テクニック入門』（2015年），『子どもによる子どものためのICT活用入門』（2015年），『アクティブ・ラーニング入門』（2015年），『サバイバル・アクティブ・ラーニング入門』（2016年），『アクティブ・ラーニング時代の教室ルールづくり入門』（2016年），『資質・能力を最大限に引き出す！『学び合い』の手引き　ルーツ＆考え方編』（2016年），『資質・能力を最大限に引き出す！『学び合い』の手引き　アクティブな授業づくり改革編』（2016年），『汎用的能力をつけるアクティブ・ラーニング入門』（2016年，以上明治図書）他多数。

【編著書】

『アクティブ・ラーニングを実現する！『学び合い』道徳授業プラン』（2016年，明治図書）他多数。

今すぐ出来る！全校『学び合い』で実現する
カリキュラム・マネジメント

2017年1月初版第1刷刊　
発行者　藤　原　光　政
発行所　明治図書出版株式会社
http://www.meijitosho.co.jp
（企画）及川　誠（校正）姉川直保子
〒114-0023　東京都北区滝野川7-46-1
振替00160-5-151318　電話03(5907)6704
ご注文窓口　電話03(5907)6668

＊検印省略　組版所　株式会社アイデスク

Printed in Japan　ISBN978-4-18-128316-2